"十三五"国家重点出版物出版规划项目

知识产权经典译丛（第4辑）

国家知识产权局专利复审委员会◎组织编译

知识产权金融

[韩] 崔　哲　[韩] 裵桐淅
　　　　　　　　　　　◎著
[韩] 张源埈　[韩] 孙秀姃

金善花◎译

施晨鸣◎审校

知识产权出版社

全国百佳图书出版单位

图书在版编目（CIP）数据

知识产权金融/（韩）崔哲等著；金善花译. —北京：知识产权出版社，2017. 10
ISBN 978 - 7 - 5130 - 5197 - 2

Ⅰ. ①知… Ⅱ. ①崔…②金… Ⅲ. ①金融—知识产权—研究 Ⅳ. ①D913. 04

中国版本图书馆 CIP 数据核字（2017）第 258442 号

内容提要

本书从金融的角度对知识产权等无形资产的市场化运营进行了较深入的研究，特别是根据当前的热点，即 NPE、基金、保险等如何更好地运作知识产权，结合实际案例，剖析了知识产权的货币化、证券化等内容，为我国知识产权运营提供了较好的借鉴与参考。

This document is a Chinese translation of the book, IP Finance, written by 최철（Chul CHOI），배동석（Dongsuk BAE），손수정（Soo Jung SOHN），장원준（Wonjoon JANG）and published by Korea Institute of Intellectual Property in Korea. The translation has received the permission of the authors. The authors are not responsible for the correctness of the translation. Only the original is authoritative.

责任编辑：卢海鹰　王玉茂	**责任校对：**谷　洋
特约编辑：孙　玮	**责任出版：**刘译文

知识产权经典译丛
国家知识产权局专利复审委员会组织编译

知识产权金融

［韩］崔　哲　　［韩］裵桐淅
　　　　　　　　　　　　　　著
［韩］张源埈　　［韩］孙秀姃

金善花　译　　施晨鸣　审校

出版发行：**知识产权出版社**有限责任公司	网　　址：	http：//www. ipph. cn
社　　址：北京市海淀区气象路 50 号院	邮　　编：	100081
责编电话：010 - 82000860 转 8541	责编邮箱：	wangyumao@ cnipr. com
发行电话：010 - 82000860 转 8101/8102	发行传真：	010 - 82000893/82005070/82000270
印　　刷：三河市国英印务有限公司	经　　销：	各大网上书店、新华书店及相关专业书店
开　　本：720mm×1000mm　1/16	印　　张：	12
版　　次：2017 年 10 月第 1 版	印　　次：	2017 年 10 月第 1 次印刷
字　　数：195 千字	定　　价：	60. 00 元

ISBN 978 -7 -5130 -5197 -2
京权图字：01 -2017 -5997

序

当今世界，经济全球化不断深入，知识经济方兴未艾，创新已然成为引领经济发展和推动社会进步的重要力量，发挥着越来越关键的作用。知识产权作为激励创新的基本保障，发展的重要资源和竞争力的核心要素，受到各方越来越多的重视。

现代知识产权制度发端于西方，迄今已有几百年的历史。在这几百年的发展历程中，西方不仅构筑了坚实的理论基础，也积累了丰富的实践经验。与国外相比，知识产权制度在我国则起步较晚，直到改革开放以后才得以正式建立。尽管过去三十多年，我国知识产权事业取得了举世公认的巨大成就，已成为一个名副其实的知识产权大国。但必须清醒地看到，无论是在知识产权理论构建上，还是在实践探索上，我们与发达国家相比都存在不小的差距，需要我们为之继续付出不懈的努力和探索。

长期以来，党中央、国务院高度重视知识产权工作，特别是十八大以来，更是将知识产权工作提到了前所未有的高度，作出了一系列重大部署，确立了全新的发展目标。强调要让知识产权制度成为激励创新的基本保障，要深入实施知识产权战略，加强知识产权运用和保护，加快建设知识产权强国。结合近年来的实践和探索，我们也凝练提出了"中国特色、世界水平"的知识产权强国建设目标定位，明确了"点线面结合、局省市联动、国内外统筹"的知识产权强国建设总体思路，奋力开启了知识产权强国建设的新征程。当然，我们也深刻地认识到，建设知识产权强国对我们而言不是一件简单的事情，它既是一个理论创新，也是一个实践创新，需要秉持开放态度，积极借鉴国外成功经验和做法，实现自身更好更快的发展。

自2011年起，国家知识产权局专利复审委员会携手知识产权出版社，每年有计划地从国外遴选一批知识产权经典著作，组织翻译出版了《知识产权经典译丛》。这些译著中既有涉及知识产权工作者所关注和研究的法律和理论问题，也有各个国家知识产权方面的实践经验总结，包括知识产权案件的经典判例等，具有很高的参考价值。这项工作的开展，为我们学习借鉴各国知识产权的经验做法，了解知识产权的发展历程，提供了有力支撑，受到了业界的广泛好评。如今，我们进入了建设知识产权强国新的发展阶段，这一工作的现实意义更加凸显。衷心希望专利复审委员会和知识产权出版社强强合作，各展所长，继续把这项工作做下去，并争取做得越来越好，使知识产权经典著作的翻译更加全面、更加深入、更加系统，也更有针对性、时效性和可借鉴性，促进我国的知识产权理论研究与实践探索，为知识产权强国建设作出新的更大的贡献。

当然，在翻译介绍国外知识产权经典著作的同时，也希望能够将我们国家在知识产权领域的理论研究成果和实践探索经验及时翻译推介出去，促进双向交流，努力为世界知识产权制度的发展与进步作出我们的贡献，让世界知识产权领域有越来越多的中国声音，这也是我们建设知识产权强国一个题中应有之意。

申长雨

2015 年 11 月

知识产权和金融的结合及其意义

国家领导人要承担两种责任：一种是对当代负责，另一种是对后代负责。在国家发展新阶段的开始，尽管会碰到很多紧急事务，领导人应该以长远的眼光来应对。

（弗里德里希·李斯特，1844）

正如工业时代，使用有形资产创造更多的有形资产一样，在信息时代，应该使用无形资产来创造更多的无形资产。

（雅典娜联盟，2008）

与专利、著作权、商标权等知识产权（Intellectual Property，IP）相关的制度分别在各自领域发展了数百年，直到 19 世纪后期才开始逐渐建立起国际性保护体系❶。随着货币经济的出现，金融制度逐渐发展起来。从最近的金融危机等国际经济的趋势来看，金融制度的全球化正在加剧，同时互联网也在很大程度上影响着各国的经济。

在相互独立的理论结构下发展起来的知识产权和金融结合在一起形成了知识产权金融（以下简称"IP金融"），在新形势下如何看待 IP 金融荣升为 21 世纪经济中备受关注的领域，这就是作者编写本书的出发点。

在当前国内外各行各业对 IP 金融越发关注的情况下，除从事知识产权相关业务的专家外，企业、金融机构、媒体以及政府机构也发表了对 IP 金融的看法和意见。那么，我们为什么谈论 IP 金融？

从国际竞争战略的观点出发，迈克尔·波特（Michael Porter）分析了国家的发展过程，认为经济是依次通过竞争优势源头和竞争模式等阶段发展起来，并强调了创新驱动这一经济阶段。野村综合研究所以经济活动领

---

❶ 专利制度起源于 15 世纪威尼斯的第一部专利法和英国的垄断法（1624 年），著作权制度起源于英国的安娜女王法（1710 年）。对知识产权的国际性保护体系有 1883 年签订的与工业产权相关的《巴黎公约》和 1886 年签订的与著作权相关的《伯尔尼公约》。

域的变化为标准分析了时代的变化，并将之分为农业时代、工业时代、信息时代、创新和创造时代 4 个阶段。这些时代的区别在于各时代创造经济价值方面，反映核心价值活动领域的变化，同时告知我们这个时代的核心课题是创新和变革。

在经历世界性经济危机的情况下，韩国、美国、欧洲、中国、日本等主要经济体为了在创新和变革过程中占据竞争优势，近年来逐渐扩大对知识产权的投资，在政策方面投入更多的力量构筑基于知识产权的价值循环生态系统。在全球性经济环境下，各国为了成功进入经济发展的下一个阶段、构筑可持续的发展动力进行了大量的努力，其依据在于弗里德里希·李斯特（Friedrich List）19 世纪发表的、与当前社会以及未来时代国家领导人决策相关的论述。国家领导人不仅要解决当前社会面临的问题，还要为未来提前设计蓝图，并为实现蓝图打好基础。

在开放式创新结构的扩散和创新全球化大潮中，构建出能够利用各领域涌现出的变革成果的体制，对一国经济的跳跃性发展具有重要的意义。

在韩国，虽然企业、研究所、大学以及个人等在多个领域中投入了大量资源和努力，创造了大量知识产权，但由于不健全的知识产权管理体系和商业化运作使其价值无法真正实现。

为了实现知识产权所包含的经济价值，需要建立专业管理和商业化的制度以及为商业化所需的资金供给。推动建立创造知识产权的金融体制，利用激活知识产权的金融方法，实现知识产权的经济价值，形成知识产权的创造、利用、投资的良性循环结构。

一直以来，知识产权和金融发展的理论结构各不相同，如专利制度是通过研究开发技术并对其成果权利化以及保护不让其受侵权等为核心形成的相关制度和环境。相比之下，金融领域是从风险—收益观点出发以评价投资和融资对象，分配金融资源作为其原则。观察各种不同理论结构和观点下形成的两个领域的结合点以及进化形式，有助于理解 IP 金融的现在和未来。

世界各国逐渐认为，以创意和变革为基础的经济条件下 IP 金融将成为 IP 生态系统的主要基础设施，因此对 IP 金融的关注度也逐步提高。近年来，因为专利流氓更是推高了对 IP 金融的关注度。NPE（Non‐Practicing

Entity：专利管理专门公司，非专利实施企业）的活动范围扩大，❷ NPE 将 IP 的技术、法律属性与金融资源相结合，其所具有的攻击性诉讼战略和巨大的收益引起了产业界和大众对 IP 金融的关注，也使得政府从政策层面更加关注 IP 金融。NPE 面向制造企业的攻击性诉讼战略被批判为对于努力经营的制造企业是过度的攻击行为，近年来美国也逐渐加强对 NPE 诉讼活动的监管。但 IP 金融形式多样，呈现不断进化的过程，像攻击性 NPE 等 IP 商业模式只是 IP 金融其中的一部分。要理解 IP 金融的各种手段，就应以创新和变革为基础的制度性设施，即知识产权与经济价值良性循环结构的结合点来理解。

随着 IP 金融实际交易案例的逐步增加，各国政府对此关注度也显著增加。即便如此，基于市场原理的 IP 金融生态系统的形成只存在于具有高度金融化市场、承受多种风险接受性的金融提供者和 IP 交易活跃的美国、韩国、法国、英国等欧洲国家，以及日本、中国、新加坡等国家为了营造 IP 金融的生态系统在政策方面也做出了很多努力。为了促进 IP 金融的自发性成长，如何将政策性发展模式转化为市场性发展模式成为这些国家的热点问题。

如上所述，IP 金融还处于形成初期，根据技术、金融、市场、法律制度环境发生的变化，IP 金融未来也会持续发生变化。在编写这本书的过程中，美国对于 NPE 的监管环境也发生了很多变化。因此，对待 IP 金融不能只局限在片面的角度上，本书中描述的内容也必须在环境变化中理解其含义。作者也会持续关注 IP 金融的变化形势，本书中没有记载的内容以及 IP 金融的进化过程将会反映在后续的修改中。

为了更好地理解本书中提到的不同理论结构和运作模式下的金融和知识产权的结合，首先需要了解一下金融的基础资产❸知识产权，以多种形态的 IP 商业模式和金融投资结构相结合的 IP 货币化模式为中心，为了了

---

❷ NPE 根据概念的范围不同包含多种性质的机构和公司，也会随着技术、经济、法律环境的变化进化 NPE 模式。非专利实施企业（NPE）和专利实施企业的界限以及相互关系也正在发生变化，因此不能把 NPE 片面地当作专利流氓。

❸ 知识产权除了专利外还包括商标、著作权等多种无形财产。除了专利相关的 IP 金融之外，还有与游戏、电影等文化产业相关著作权为对象的金融，商标权以及商标权许可相关的金融等多种方式，但在本文中主要以最近成为热点的专利相关 IP 商业模式为重点进行介绍。

解 IP 金融中发生的现象和热点，需要关注 IP 金融的最新进展和实务性热点。❹

考虑到专利存在无效化风险，实际上著作权和商标权的金融化更容易实现。但是著作权相关的金融，存在文字作品领域，电影、电视剧等影视作品领域，音乐作品领域，游戏相关作品领域等不同的形态，为此货币化结构和现金流形式、风险性质都各有不同，因此将其作为 IP 金融的对象来进行运作时仍需要仔细确认可行性，鉴于此，对于著作权和商标权相关的 IP 金融的研究将在未来单独进行。

金融史带来的教训

● 荷兰、英国的崛起和金融的作用

英国历史学家尼尔·弗格森（Niall Ferguson）介绍人类历史上货币的崛起时强调了金融的作用。从古到今，债券、股票等融资手段的开发同技术进步一样具有重要意义。17 世纪刚刚建立起来的荷兰，大部分国土位于海平面以下，而且资源匮乏。荷兰之所以超越哈布斯堡、英国、法国等周边强国，并能够主导世界贸易，其原因就在于债券、股票等近代的融资方式以及证券交易市场的兴起。

荷兰于 1602 年成立了东印度公司（Dutch East India Company），在 1609 年成立了阿姆斯特丹银行（Bank of Amsterdam）。这些均早于 1613 年英国成立的东印度公司（English East India Company）。通过先进的金融手段荷兰以较低的金融成本从中产阶层获得了大批资金，这些金融系统成功运作并建造了支撑世界贸易体系的先进商船和舰队。

荷兰的金融系统与当时其他国家通过从贵族和银行家贷款筹措战争经费等方式形成鲜明对比。1652～1674 年，英国和荷兰之间发生了 3 次战争（英荷战争：Anglo – Dutch War），当时，英国的人口是荷兰人口的 2.5 倍，经济比荷兰更发达，但荷兰仍占据战争优势的原因也在于筹措战争经费的方法。

---

❹ 本书立足于实务运作，为了更好地反映 IP 金融，直接沿用了实务中使用的词汇，本书的编排和文体也会与当前教科书式的图书有所不同。

　　英荷战争结束后，依据落后的金融方法过度筹措战争经费的英国政府面临破产，这种经济状况也可以看作引发 1688 年光荣革命（Glorious Revolution）的原因之一。光荣革命被大多数人认为是英国民主主义的出发点，但弗格森认为，从金融方面来看是荷兰的先进金融系统转移到英国的关键过程。光荣革命导致英国国王詹姆斯二世逃亡到法国，随后荷兰的奥兰治亲王登基为英国国王，此后 1694 年，英格兰银行（Bank of English）成立于伦敦（晚于荷兰的阿姆斯特丹银行 85 年），从此荷兰的先进金融系统进入英国。弗格森认为这种英国的金融系统更新换代为日后英国在与法国的战争中取得胜利，并建立大英帝国奠定了基础❺。

　　从这些观点来看，在知识产权逐渐成为现代企业的可创造价值的核心资产，并且从政策层面上推行创新为基础（innovation - driven）的经济阶段的过程中，形成能够利用 IP 资产价值的金融体系，不仅为拥有知识产权的创业企业或中小企业以及大型企业提供了新的融资方法，也为未来成为国家核心竞争力的创新体系搭建了基础设施。

---

❺　请参照 Niall Ferguson 的著作《帝国》（2003）和《货币崛起》（2008）。

目　　录

第 *1* 章
IP 金融的价值

由于交易能力可以产生劳动分工，所以分工的程度一定总是限制在这种能力范围内，即市场范围内。

（亚当·斯密，1776）

人类在新石器时代后的几千年里一直从事农业活动，到了 19 世纪工业革命之后，开发和利用能源并获得机械生产手段，才进入了工业时代。这样的变化促使形成通过专业化分工进行批量生产和批量消费的交换经济体制。亚当·斯密认为，分工起因于交换能力，因此分工程度要受市场大小❶的限制。

经过工业革命阶段之后，随着信息技术的发展，人类进入了随时可开启全球网络的信息时代，到如今已是创新的社会❷。在强调创新的 21 世纪，探寻交换和市场的意义是理解知识产权的意义以及金融系统在知识产权领域中作用的出发点。如果不能把创新的成果转变为具有价值的权利，那么很难形成交换这种市场行为，从而限制市场的形成。创新成果的可交换性将成为参与研发过程的多数机构之间实现开放型专业化分工的条件。如果希望通过转让获得上述研发成果并创造经济价值，就需要进行商业化活动。因此，从这一意义上讲知识产权交易体系的形成将为基于变革的经济体系的成长提供基础。

---

❶ 市场内容不仅包括市场大小，还包括效率等市场的运作程度，在此处表现为形成程度。
❷ 野村综合研究所以经济领域的变化为标准，将人类的主要时代分为：石器时代、农业时代、工业时代、信息时代、创新时代。

从这一点来看，总结知识产权和 IP 金融的意义可以从不同角度观察当前多种 IP 商业模式和金融手段结合的情况。从形成创新成果物转让以及商业化市场的角度解析 IP 金融的多种战略和结构，就能更加理解最近非常受关注的与 IP 金融相关的非专利实施实体（NPE）❸ 的性质和作用。

一、IP 金融的断面——地形的变化❹

从别出心裁的创意中创造经济价值的创新经济环境中，以知识产权为基础的价值以及循环系统的形成将会成为 21 世纪经济发展的核心条件。即使在世界性经济危机中，主要发达国家为了确保未来的成长动力，也在扩大对知识产权相关产业的投资。从最近谷歌公司的多起企业收购案件中可以看出，在尖端产业领域，伴随主导企业的交替引发的收购——合并过程中，知识产权往往成为核心标的资产，知识产权正变得越来越重要。另外，形式多样的 NPE 的出现和活动领域的扩大，在市场上促使一直以来生产和销售体现知识产权的产品并创造经济价值的形式转化为从知识产权创造现金流量的直接货币化战略，从而带动了知识产权市场的结构性变化。在这种情况下，IP 金融成为基于知识产权的价值创造机制的核心领域。

现象 1——资产

作为曾经的手机市场领头羊，诺基亚却在智能手机市场的竞争中处于劣势，最终不得不将手机业务出售给微软公司。诺基亚虽然出售了手机业务，但并没有转让相关的专利，双方反而商定未来 10 年内微软需要支付 21.8 亿美元的专利许可费用，以继续使用诺基亚的 3 万件专利和 8500 件外观设计权。❺ 至此，诺基亚完全放弃手机业务，减轻了与其他手机制造企业等竞争对手发生专利纠纷时对反诉的防御以及交叉许可的压力。预计诺基亚可能以持有的移动通信相关专利为基础形成 NPE 形式的业务模式以

---

❸ NPE 是不直接实施专利等知识产权，通过诉讼、许可等方式创造收益的机构，根据攻击、防御、中介、咨询等收益模式和运营方式，呈现不同的形式。关于 NPE 详细的介绍请参照第 2 章和第 5 章。

❹ 최철，IP금융을 보는 전환기적 관점，IP Insight，2013.

❺ http://www.zdnet.com/microsoft-nokia-deal-quick-facts-7000020146/.

攻击其他手机制造商来取得收益，现实表明这种预想正逐渐变成事实。❻

现象 2——金融

作为典型的 NPE，高智（Intellectual Ventures，IV）自 2000 年成立以来运营 55 亿美元的专利基金，并且为了购买专利以及许可专利等资产，持续招募大规模基金❼。与此同时，高智还运营发明开发基金（Invention Development Fund，IDF）。另外，美国四大金融机构之一的美国富国银行（Wells Fargo）保险业务部推出了针对 IP 许可业务的保险产品 revENSURE，如果因为诉讼等原因被保险人的专利许可收入减少，那么该保险产品可以相应补偿这部分现金流。❽。

现象 3——基础设施和政策

在中国，通过知识产权服务机构和金融机构的合作实施了知识产权质押融资业务，同时通过知识产权交易所、文化产权交易所之间的关联推进 IP 交易的发展❾。在韩国，政府为了实现"创造经济"，各个部门提出了多方面的 IP 金融发展方案，以及政策性方向和研究性课题。同时，也为了实现具有韩国特色的 IP 金融，于 2010 年设立了 IP Cube Partners、Intellectual Discovery 等专利管理专门企业，开发 IP 价值评估体系，为了发展 IP 担保金融设立了回收基金。以美国法院针对海外通信企业进行通信技术相关的专利诉讼为契机，法国政府于 2011 年主导设立了法国主权专利运营基金 France Brevets。通过引进欧洲统一专利和统一专利法院制度，欧洲形成了仅次于美国的专利市场。

上述案例是将 IP 金融领域中所发生的情况，按资产、金融、政策方面进行了介绍。下面介绍形成 IP 金融的三种构成要素。

---

❻ http：//www. fnnews. com/view? ra = Sent0901m _ View&corp = fnnews&arcid = 201309050100051240002673&cDateYear = 2013&cDateMonth = 09&cDateDay = 04.

❼ http：//www. bloomberg. com/news/2013 - 08 - 28/ex - microsoft - cto - toseek - 3 - billion - for - patent - fund. html.

❽ http：//www. insurancejournal. com/news/national/2013/08/05/300755. htm.

❾ 国家知识产权局（SIPO）表示，2012 年提供了专利担保贷款 141 亿元人民币（约 2 兆 4498 亿韩元），商标权担保贷款 214.6 亿元人民币（约 3 兆 9368 亿韩元），著作权担保贷款 27.51 亿元人民币（约 5046 亿韩元），这表明中国政府在激活知识产权担保贷款方面的政策性决心。但是对这些贷款资产的完整性还需要进行详细确认。

二、IP 金融的三个构成要素

资产——知识产权是可交易的资产

众所周知，研究结果表明过去的产业经济中，企业的核心资产是工厂、设备等有形资产，但今天企业 80% 以上的价值是以知识产权为代表的无形资产❶。随着生产技术的发展和普及，很多产业里生产环节的差异性越来越少，发达国家和发展中国家间生产技术的差异也逐步缩小。尖端技术领域的先进企业的技术开发也引入了外包形式的开放型创新，将研发过程外包给风险企业或通过收购合并或知识产权交易来获得最新技术，从而在生产技术的知识产权领域寻找与竞争对手的核心差异❶。从北电和柯达的案例中可看出，企业破产时所持有的知识产权可作为回收债券的核心资产，通过竞拍的形式进行交易❶。就像诺基亚虽然出售了手机业务，但保留了知识产权，以知识产权为基础转换成另一种收益模式。即知识产权可以与企业分开，成为可独立进行交易的资产，形成了知识产权的交易市场。通过这种变化，持有知识产权的传统制造企业与 NPE 之间的边界越来越模糊，扩大了可交易的 IP 资产的供给。

这使得企业面临破产或债务不履行的情况下，可以通过出售企业持有的 IP 资产，扩大交易的市场，使得金融供给者越来越重视作为金融结构基础的 IP 资产的价值。

金融——IP 金融模式的扩大

随着知识产权被评估为可独立交易的资产以及创造现金的多种积极货币化模式的实施，基于知识产权内在经济价值的融资手段不断扩展。虽然近年来随着 NPE 活动的扩大，专利诉讼基金的形式比较受关注，但通过诉讼、许可等方式创造现金流的 NPE 也是知识产权商业模式之一。❶ NPE 模

---

❶ 据 Ocean Tomo 对 S&P 500 企业分析结果，1975 年有形资产在企业价值中所占比例为 83%，但到了 2010 年专利等知识产权为代表的无形资产占企业价值的 80%，2015 年这一比例为 87%。

❶ 이민화. 차두원, 창조경제(2013) 참조. 퀄컴사는 스냅드래곤 관련 지식재산을 매입하기 위해 12억 5천만 달러를 지불하였다.

❶ 北电（Nortel）破产后，在竞拍中约 6000 件通信专利以约 45 亿美元转移到苹果和 MSFT 组合。

❶ NPE 有时起到中介的作用，可以为持有知识产权的企业或大学、研究所争取正当的利益，为需要该技术的企业提供核心 IP，激活 IP 交易市场的发展。

式之外，正在实施基于知识产权的资产价值和许可来创造现金流、调整金融交易结构的模式还有：筹集资金的 IP 证券化和通过对 IP 的担保权设定的担保金融，与转让担保结构类似的出售和回授许可（SLB）形式的 IP 金融。如果将 IP 金融的范围扩大，那么还会包含投资创意和发明的发明资本投资基金、孵化基金等。为了 IP 金融的发展，像这种多样化的金融形式需要适应 IP 的性质以及运营程度、IP 持有企业的成长周期。为此，在金融交易中，需要可以接受多种提供方式、期限、条件等不同风险形式的多种性质的金融机构参与以及金融手段的开发。经过全球金融危机，金融机构对房地产等当前典型的投资——融资对象的可持续发展提出质疑的情况下，IP 金融可作为未来替代投资领域的一部分。知识产权内在的价值被广泛认识，利用知识产权的金融手段将会得到发展，因此，IP 金融在金融产业自身成长方面极具意义。

基础设施和政策——IP 金融环境的形成

随着 IP 金融的活跃，需要形成以 IP 作为资产进行交易的 IP 资产交易市场，发展利用 IP 资产价值的资金供给市场。在美国，具有世界最大的 IP 市场和高度发达的金融体系，自发营造了由市场推动的 IP 金融环境，但在其他国家由于 IP 资产交易市场的不成熟以及金融行业对 IP 的认识不足，初期阶段无法形成民间主导的 IP 金融系统。因此，在韩国、日本、中国、欧洲等国家和地区，在政府主导下通过政策性研究和支持来开展 IP 金融运营。其中，可以确保和维持知识产权相关诉讼的有效进行和保证适当损害赔偿的司法制度是 IP 金融环境营造的根本基础。欧盟通过了引入欧洲统一专利制度和整合专利诉讼制度的专利打包式法案，就是对欧洲专利的资产性价值起到重要作用的制度性变化。[14] 同时，为了能够创造高质量的 IP 并激活交易，需要优惠的税收政策，以及完善的 IP 价值评估制度，以达到克服金融交易双方信息不对称的目的。[15] 缓解交易风险，以 IP 为基础的信用交易的信用补强制度，也可以在 IP 金融引入期作为鼓励金融机构参与的重要措施（见图 1-1）。[16]

---

[14] 美国的奥巴马政府试图调整立法来限制 NPE 过多的专利诉讼，而欧洲专利制度的完善促使欧洲专利市场和法院成为 NPE 的主要活跃领域，因此未来需要转换对欧洲专利的战略性认识。

[15] 虽说 IP 价值评估非常重要，但 IP 基本上具有背景驱动资产的性质，在评估模式的形成过程中需要一些弹性。IP 价值评估不仅是科学，还需要从艺术的领域来解释。

[16] 如前所述，Wells Fargo 的 revENSURE 也可以看作是信用补强手段。

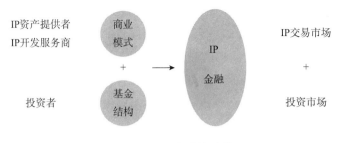

图 1 – 1　IP 金融的形成

三、价值链的进化和知识产权

在国家经济的发展过程中，迈克尔·波特根据竞争优势的源头以及不同的竞争方式说明了落后国家的要素驱动经济阶段[17]，发展中国家的效率驱动经济阶段[18]，以及发达国家的创新驱动经济阶段。发达国家根据技术和创新开发商品并开拓市场，以创造价值的创新驱动经济阶段中的竞争，有效调节全球的生产、流通、销售等环节。[19] 创新驱动经济阶段主要关注通过研究开发在创新和客户关系中形成的价值活动，这与知识产权具有密切的联系。

目前主流的开放型创新，已超越了组织的界限，开放型创新的结构中除了内部力量以外还需要利用外部创新力量或者创新成果。这种战略强调创新的分工和创新成果的转让结构，为此，知识产权的作用重新受到关注。因此，创新驱动经济中，可以创造—利用知识产权的生态系统的形成就是核心条件，处于创新驱动经济阶段或者朝这个方向发展的世界各国政府都致力于在政策层面上营造知识产权生态系统。[20]

随着进入创新驱动经济阶段，必须关注的现象就是创新的全球化。16世纪大航海时代形成了通过贸易市场的全球化，经过产业化时代形成了"生产的全球化"，就是基于劳动力资源等生产要素的相对优势将生产活动

---

[17]　要素驱动经济阶段主要以低廉的非成熟劳动力和现有生产因素为基础，形成竞争力，围绕价格进行竞争的阶段。

[18]　效率驱动经济阶段是要素驱动经济阶段发展起来的发展中国家依靠重视生产过程中效率提高的产品品质获得竞争力的阶段。

[19]　이민화.차두원, 창조경제（2013）참조.

[20]　在全球经济危机中，美国 IP 产业占 GDP 的 34.8%，其劳动力占比为 27.7%，2013 年起，联邦政府的研发预算增加了 5%，专利审查预算增加了 9%。

扩散至全球，通过连接世界各国提高了生产效率。随着以知识为基础的经济时代到来，即将迎来"创新的全球化"（见表 1 - 1）。**㉑**

表 1 - 1 全球化的演变

区分	市场的全球化	生产的全球化	创新的全球化
开始阶段	16 世纪开始	20 世纪 50 年代开始	20 世纪 80 年代开始
网络性质	全球交易网络	全球生产网络	全球资源网络
竞争市场	全球性商品市场	全球性劳动市场	全球性知识市场
竞争力因素	落后国家的天然资源和发达国家的工业产品	廉价的劳动力	优秀的知识、廉价的知识生产费用
对发展中国家经济发展的含义	依靠市场的全球化发展中国家的产业化前景还是不明朗	发展中国家的产业化开始	发展中国家产业化成功的证据、发展中国家具有成为发达国家竞争对手的可能性
时代背景	贸易时代	产业化时代	知识为基础的经济时代

资料来源：김석관, 글로벌 혁신 네트워크와 한국 제약산업의 추격 전략, 2014.4.9 참조.

　　创新的全球化给韩国经济踏入创新驱动型经济阶段提供了机会也带来了风险，除电子、通信等韩国优势产业引领世界市场的信息通信技术（ICT）领域之外，也为生物制药等进入高附加值的产业，提供了形成新成长动力的窗口。尤其是生物制药产业，由于产业结构的特性，专利的持有对于企业来说具有非常重要的意义。在制药产业，基于生物技术的新药开发比重逐渐扩大。大学、研究所、中小企业研发过程中的候选物质的成果转移至大规模制药公司的开放性创新和新药开发过程中跨越国境的授权，以及研发的外包或合作等创新结构形成了全球性创新网络。**㉒**

　　在生产全球化过程中，韩国自 1960 年以来基于劳动力的要素驱动经济阶段中形成了成长的基础，此后经过效率驱动型经济阶段，实现了高速成长，在国际贸易规模中达到了世界第 10 位的经济实力。但是，近年来经济增长趋势的减缓，在进入创新驱动型经济阶段的关口上表现出增长停滞。在这种情况下，随着中国等发展中国家的发展和发达国家的限制也提出了

㉑ 김석관, 글로벌 혁신 네트워크와 한국 제약산업의 추격 전략, 2014.4.9 참조.
㉒ 김석관, 글로벌 혁신 네트워크와 한국 제약산업의 추격 전략, 2014.4.9 참조.

一些定位陷阱忧虑。为了克服这些问题，将韩国经济推向下一个阶段，经济结构的变革变成了国家层面上急需解决的问题（见图 1 – 2）。

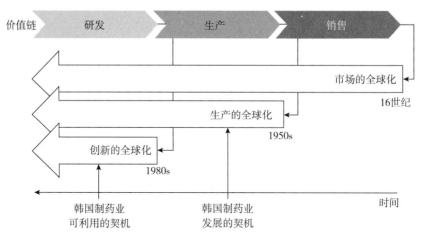

图 1 – 2　正在逆循环的制造业价值链的阶段性全球化

资料来源：김석관, 글로벌 혁신 네트워크와 한국 제약산업의 추격 전략, 2014.4.9 참조.

知识产权将会在向创新驱动型经济转变的过程中发挥重要作用。知识产权是实现创意想法的过程中赋予动力的最重要的工具之一。关于创新，约瑟夫·熊彼特提出了逆向性经济理论，认为创新是创造性的破坏行为，是资本主义制度中的核心问题。[23] 创新结构的过程中，知识产权系统逆向地改变了排他性和可获得性，是启动创新的原动力。[24]

从量的方面来看，韩国处于世界专利申请量第 4 位，同时也是专利相关国际合作体制中五大知识产权局会议（IP5）[25] 成员之一，属于世界性高水平。但其国内知识产权商业系统还处于形成期，IP 金融业仍在导入阶段。知识产权商业生态系统的形成和知识产权集约发展对于进入创新驱动型经济阶段来说是必备的基础，IP 金融为这样的生态系统提供了核心的基础设施。

---

[23]　Joseph Schumpeter, Capitalism, Socialism and Democracy（Haper, 1975）.

[24]　Michael Collin，全球知识产权战略，（2012）。

[25]　特指占全世界专利申请量 90% 的 5 个知识产权局，包括韩国、美国、日本、中国和欧洲。

四、IP 金融——对于创新主导者的资源供给多样化

全球范围内，在对无形资产价值的认识和对其利用方法的关注空前高涨的情况下，笔者从多方面讨论了基于知识产权经济价值的金融手段的利用方案。❷ 作为其中一项，经济发达国家的政府和企业、金融机构对于利用证券化、担保、基金等集约投资的金融手段和资金筹集方案探讨以及知识产权创造和利用的新型 IP 金融非常感兴趣。

在 IP 金融对形成知识产权创造和利用的良性循环结构中起到重要作用的共识下，最近对 IP 金融的探讨非常活跃。尤其是，韩国政府的四个国情发展方针中作为同时关注经济复兴和文化融合的领域，文化产业和支撑其的 IP 金融获得了很多关注和各方讨论。

持有或生产知识产权的企业为了筹集必要的资金，能使用的金融手段有：根据其基本特性发行股票或出资证券实现融资的以股份为中心的资金筹措方法，和从金融机构借款或发行债券来实现融资的以负债为中心的资金筹措方法。这两种融资方法中究竟选择何种金融手段将会受到多种因素的影响，如资金需求方所持有的知识产权性质和权利化以及商业化阶段中所需资金的性质和规模，作为资金投资者的投资方性质等。

企业的收益以及成长前景将根据主营产品的生命周期的每个阶段而变动，这是因为生命周期的每个阶段都随该产品的市场反应度、当年该产业的竞争状态，以及相关技术的成熟度而变化。如上所述，根据产品的收益性和风险产生的影响分为几个阶段，对比识别的分析方法就是产品生命周期（PLC）理论。❷ 将产品生命周期理论引入知识产权持有企业中，根据知识产权的权利化、商业化阶段反映现金流的变化和风险程度，可以区分创造期、导入期、成长期、成熟期，关于知识产权的金融手段选择也根据生命周期的阶段影响资金筹措结构的选择。根据结构特性，通常与知识产权相关的金融证券化达到所起的经济效果，必须从知识产权的生命周期和现金流的创造可能性层面进行确认。

---

❷　美国的专利管理公司 Ocean Tomo 在 2015 年发布的无形资产价值相关的年度报告中，500 家上市企业的市场价值和账面价值呈现巨大的差距，这表明企业价值中专利等无形资产占据绝大部分，资产负债表中有形资产和金融资产反映不到企业价值的 20%。

❷　송지영, [자본시장－금융투자와 금융투업], 2009, 387면.

五、IP 金融的作用——创新驱动型经济的基础设施

为了把创意想法成功实现商业化创造经济价值，创意想法必须体现在产品上，然后将生产的产品流通到市场上使其产生收益。在这个过程中，必须克服的阶段是产品化、商业化过程中出现的"死亡之谷"和市场进入阶段出现的"达尔文之海"。仅持有知识产权等无形资产的初创期企业为了跨过"死亡之谷"，必须根据自身持有的核心 IP 资产获得资金，融资过程中除了风险金融等典型的股份投资之外，还需要不稀释经营权的情况下以多种形式 IP 金融打包模式进行融资。

最近，大企业和中小企业间双赢关系的探讨和制度性改善的需求越来越活跃，这种双赢关系也可以通过法律方面的规定或者当事人意识的变化来改善，但是从根本上来说，中小企业持有的创意想法和对知识产权的多种需求者共存于市场上，这些需求者之间形成竞争结构才能解决问题。与金融结合在一起的 IP 资产市场的形成，创造出对中小企业持有 IP 的正确评价和竞争性需求，促使中小企业与大型企业形成更加平衡的关系。

第**2**章
IP 金融手段的类型和变化

一、IP 金融的类型

（一）知识产权金融的概念和类型

IP 金融把知识产权当作银行可承兑的资产，利用 IP 资产进行多种金融活动，其中包括把 IP 资产本身当作抵押物，或将 IP 资产进行证券化、或把 IP 当作转让担保资产售出并回授许可（Sale & License Back，SLB）等结合多种金融手段的 IP 金融形式，同时还包括通过积极的侵权诉讼获得赔偿或专利使用费的攻击性 IP 基金、防御性 IP 基金等以 IP 商业模式为基础、追求收益的 IP 基金等 IP 金融形式。

如果将 IP 金融的领域横向扩大，广义上讲，IP 金融涵盖了基于 IP 的科技金融。实现 IP 金融的代表性方式如图 2 – 1 所示。

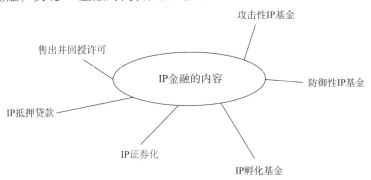

图 2 – 1 IP 金融的内容

由此可以看出，IP 金融包括依赖于借贷企业财务信用度的传统型企业融资、基于 IP 资产本身价值的融资以及把 IP 当作替代投资对象的另类投资等多种金融手段。根据金融手段性质、运营方式，可将 IP 金融分为 IP 资产化金融、IP 商业化金融、IP 科技金融三种形式。❶

1. IP 资产化金融

IP 资产化金融是根据 IP 资产的评估结果结合典型的金融手段，基于 IP 资产本身的价值进行融资的形式。❷ IP 资产化金融包括 IP 证券化、IP 抵押金融、转让抵押以及具有类似结构的 IP 售出并回授许可。专利、商标等知识产权是企业持有的重要无形资产，但多数情况下这些价值无法体现在公司的财务报表上，IP 资产化金融就是独立评估 IP 的价值，结合抵押金融、证券化等典型金融手段实现融资，是 IP 资产化和金融手段的成功结合。尤其是 IP 售出并回授许可、IP 证券化把基于 IP 的收益转移到特殊目的公司（SPV），使 IP 资产和专门的融资企业分离开来，强化了 IP 资产的性质。

2. IP 商业化金融

IP 商业化金融是对冲基金、私募基金等财务性投资者（Financial Investor，FI）和制造企业等战略性投资者（Strategic Investor，SI）组成集团或联合体投资机构（特别资产基金）之后，该 IP 基金直接管理 IP 商业化或者委托 IP 专门管理企业进行运营并提供运营资金的模式。基金作为资金管理者与非专利实施实体（NPE）结合在一起，形成了将 IP 作为独立的投资对象，呈现替代投资性质的金融形式，追求 IP 本身创造的收益，这种形式与以借贷企业自身信用为基础的企业融资有很大差异。在这种金融结构中，可以为基金投资者（收益权者或者股东）分配收益，为战略性投资者提供保护（使用权许可、防止诉讼等）以及参与收益分成。

3. IP 科技金融

基于 IP 的科技金融是以企业持有的知识产权等无形资产为主而形成的企业金融。IP 科技金融是通过评估企业所拥有的技术能力和技术商业化力量进行融资的方式，是基于技术能力评估的企业金融。在科技金融中，以

---

❶ IP 금융의 유형과 관련하여 이성상, 지식재산 비즈니스 활성화를 위한 지식재산 생태계 조성에 관한 연구, 2013.5에서 제시된 IP금융 분류를 기초로 확대 재해석하여 IP금융 스펙트럼에 적용하였다.

❷ 从反映 IP 资产价值的角度看，IP 金融属于该范围，但基于借贷企业财务信用的企业融资与基于 IP 本身的价值评估进行融资有所不同。

技术集约型企业为对象，通过投资、融资、质押等多种形式，提供技术开发以及商业化所需要的资金，与此相反，IP 科技金融是根据企业拥有的知识产权形成的金融方式，而 IP 资产化金融和 IP 商业化金融把 IP 看作独立的资产并基于自身的收益能力进行融资，相比之下，IP 科技金融是全面评估企业所拥有的以知识产权为主的企业技术能力、商业化能力等，向 IP 集约企业提供贷款和投资，因此也属于科技金融的范围。❸ 通常情况下，这种基于 IP 的科技金融会对 IP 以及 IP 持有企业进行价值评估，可看作是对知识产权持有企业的支援，与现存的基于技术评估的科技金融模式非常相似，因此带有企业金融的性质。

全面评估企业持有的知识产权、技术能力以及商业化能力，根据评估结果提供资金，具体包括技术评估贷款（技术评估认证书、信用贷款）、创业投资组合、私募投资等通过集约投资机构进行的企业投资（见图 2－1）。❹

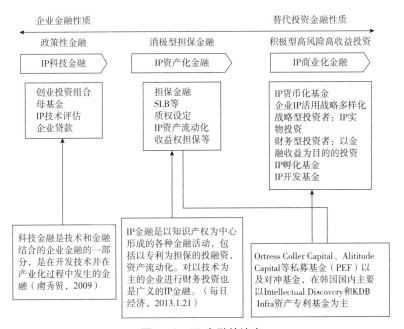

图 2－2 IP 金融的演变

资料来源：이성상, 지식재산 비즈니스 활성화를 위한 지식재산 생태계 조성에 관한 연구, 2013.5.

20 世纪 90 年代中期，风险投资企业的大量出现催生了科技金融的形

---

❸ 이성상, 지식재산 비즈니스 활성화를 위한 지식재산 생태계 조성에 관한 연구, 2013.5.
❹ 이성상, 지식재산 비즈니스 활성화를 위한 지식재산 생태계 조성에 관한 연구, 2013.5.

成，并在 2000 年后，随着天使投资等风险型科技金融的出现而得到充足发展。以技术为主要力量的企业在获得研发初期资金和产品制造、推广、销售等过程中需要的资金时，使用了创业投资组合、母基金、天使投资等基金。这类科技金融在 20 世纪 90 年代中期非常活跃，到了 2000 年前后，美国市场上重视专利现象凸显之后，企业的研发成果也被看作是 IP，从而成为直接投资对象。随后，科技金融也变成基于 IP 的科技金融形式，在此过程中还出现了具有 IP 资产化金融性质的担保金融或根据 IP 资产的未来收益性可应用于流动性的收益权所形成的担保金融等形式，并在 2000 年中后期，逐渐发展成美国的对冲基金以及私募基金直接投资 IP 资产的 IP 商业化金融形式。

总之，IP 金融是基于 IP 资产化的价值，结合结构化金融方法和集合式投资机构，所呈现出的 IP 商业模式发展趋势。

图 2 - 3 展示了从 IP 资产化阶段和金融模式的先进程度介绍的 IP 商业化金融、IP 资产化金融和风险型 IP 科技金融。随着 IP 资产化的发展，投资对象逐渐变成 IP 本身而不是企业的价值。而且，金融模式越先进，风险管理的结构性越强，越有助于投资者进行投资。

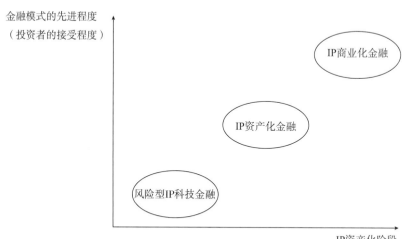

图 2 - 3 IP 资产化阶段和金融模式的高度化

从上述观点来看，风险型 IP 科技金融虽然将企业拥有的知识产权作为投资的主要对象，但还是会整体评估企业的技术能力以及商业运作能力，因此 IP 资产化阶段还属于低水平，另外投资的企业大多数处于初创期，因此常常伴随高风险，所以投资者的接受程度也相对低一些，导致企业很难从民间金融机构筹措资金，因此政策性资金的投入比率相对会高一些，同时发生信用危机时，IP 金融通过担保等手段可以减少一定的损失。

IP 资产化金融虽然以 IP 资产的担保能力为主，但与企业本身状况仍有联系，因此仍处于风险型 IP 科技金融和 IP 商业化金融之间的阶段。但是，由于 IP 本身的不稳定性，与股票、债券等传统的投资标的相比更具有风险性。为了降低这种投资风险，企业常以 IP 许可合同为担保，或者采取 SLB 形式，做出承诺在一定期限后以回购（Buy - back）形式购回专利权，降低投资风险。

IP 商业化金融是将 IP 资产看作与企业完全分离且独立的投资对象，因此是更高程度的 IP 资产化阶段。这相当于典型的 NPE 商业模式，通过侵权诉讼、授权、标准专利池、上市（IPO）、并购（M&A）等多种方式获取收益并减少自身风险，所以投资者的接受程度比较高。如果说 IP 资产化金融的特点是以 IP 本身的收益性为担保，那么 IP 商业化金融的核心是计算专利许可费规模的评估能力和 IP 运营公司的运作能力。

（二）IP 证券化

传统意义上的资产证券化（Asset - Backed Securitization，ABS）是以资产或资产池中产生的现金流量为基础，发行证券的一种融资形式。❺ 即证券化是通过运用资产组合中产生的现金流量从而获取资金的过程。❻

通过证券化将固定的资产转化为具有流动性的资产，在此过程中以资产所产生的可预期的现金流量为支撑，在资本市场上发行的证券一般叫作

---

❺　根据关于资产证券化的法律，资产证券化是专业证券化公司获得资产持有者所持有的资产，以此为基础发行资产型证券，根据当年证券化资产的管理、运营、处理所产生的收益或借贷资金支付资产型证券的本息或者红利的一系列行为；根据关于资本市场和金融投资行业的法律，信托从业者从资产持有者手里获得证券化资产的信托，以此为基础发行资产支持证券，根据当年的证券化资产的管理、运营、处理所产生的收益或借贷资金支付流动化证券的本息或红利的一系列行为；信托从业者发行流动化证券，利用信托得来的资金从资产持有者手里转让得到证券化资产，根据当年的证券化资产的管理、运营、处理所产生的收益或借贷资金支付证券的本息或红利的一系列行为；证券化专业公司或者信托从业者从其他证券化专业公司或者信托从业者转让得来证券化资产或者以此为基础发行的流动化证券的转让或信托得来，以此为基础发行流动化证券，原本转让或信托得来的证券化资产或者流动化证券的管理、运营、处理所产生的收益或者借贷资金支付流动化证券的本息、红利或者收益的一系列行为。（第 2 条第 1 款）

❻　Jay H. Eisbruck, Credit Analysis of Intellectual Property Securitization, in From Ideas to Assets: Investing Wisely in Intellectual Property, Bruce Berman ed., 2002, p. 444.

资产抵押证券或者资产抵押债券（ABS）。知识产权的证券化❼是以知识产权为标的资产发行可流通的证券进行融资的金融操作方式，是资产证券化的一种形式。知识产权证券化也是将非流动性的知识产权引入资本市场，转化为可流通的证券进行融资的一种形式，也具有一般资产证券化基本的特性。

知识产权的证券化是知识产权的相关权利从资产持有者转移到证券发行者，即特殊目的机构（SPV），以标的资产所产生的现金流为支撑，获得可支付所发行证券的本息和红利的过程。为了使所发行证券的本息偿还与资产持有者的信用分离，形成与证券化资产的现金流相关联的结构。一般该机构通过具有破产熔断效果的真实交易或信托的方法转移权利，让其具备权利转移的对抗能力。而且，为了减少投资者在收取本息、红利过程中承担的风险，上述结构还包括先后顺序债券结构、超额担保、储备基金等内部信用加强措施，以及提供通过第三方的担保、保险等外部信用加强措施。

20 世纪 90 年代中期，IP 证券化在美国市场开始活跃起来，真正实现证券化的知识产权资产主要是，已经在市场上具有较高声誉的艺人所持有的、可追溯过去产生的现金流或者可预测未来收益的音乐作品，可产生多种授权形式的商标权，或者可评估现在和未来现金流的药品等领域的专利权为标的资产。

1997～2003 年，美国官方公布的知识产权证券化交易为 26 件，融资金额约为 40 亿美元。主要是以 Bowie Bond 等专辑版税收益，梦工厂、环球影城等发行的基于电影收益的资产支持型证券，在专利方面大部分与 Royalty Pharma、DRI Capital、Cowen Healthcare Royalty Partners 等制药企业签署的授权合同为支撑发行的证券。通常情况下，被大众熟知的典型案例是 BioPharma Royalty Trust 的证券化过程，也就是耶鲁大学将开发的 HIV 治疗方案 Zerit 的专利权许可给百时美施贵宝（Bristol‐Meyers‐Squibb），根据产生的许可费用发行了 1.15 亿美元债券。BioPharma Royalty Trust 案例是专利权的证券化初期的典型案例，实际上 HIV 治疗方案 Zerit 的销售情况

❼ 在韩国，证券化和流动化实际上混用，这是因为证券化在 20 世纪 90 年代末韩国金融危机过程中由"关于资产证券化的法律"引起的。IP 金融中流动化一词过于宽泛，有时也以货币化的意思来使用，容易混淆概念。在这里流动化即是证券化。

远不及当时的预测，百时美施贵宝又陷入了财务丑闻，BioPharma Royalty Trust 通过证券化发行的债券信用等级也相应被下调，同时违反了证券化相关合同的财务约定条款，最终债券发行 5 个月之后只能提前偿还。BioPharma Royalty Trust 案例中最大的问题是过于依赖 Zerit 这种单一药品的许可费。为了解决上述问题，此后进行的 Royalty Securitization Trust I 或者 Drug Royalty LLC 的证券化过程中，形成了多数医药品的专利组成的专利池，基于从中创造的现金流发行了证券。Royalty Pharma Finance Trust 的案例中，基于 13 项医药专利产生的许可费，发行债券并通过专业保险公司的信用补充，所发行的债券被评为 AAA/Aaa 信用等级（见表 2 - 1）。❽

表 2 - 1　专利证券化案例

年份	交易额/亿美元	发行者	交易内容
2003	6.00	Royalty Pharma Finance Trust	由 MBIA 集团提供保险的循环信贷结构。该交易由 13 件药物专利的许可税收益进行质押
2004	2.28	Royalth Securitysation Trust1	由 Paul Royalty 基金获得的医疗许可税收益支持的资产型债券
2005	0.69	Drug Royalty LLC	由发起人 Drug Royalty 公司获得的专利许可收益和或有偿付款组成的浮动收益债券
2000	0.79	BioPharma Royalty Trust	由耶鲁大学和百时美施贵宝针对 AIDS 市场资助的债券
2004	1.75	NPA Pharmaceuticals Royalty Sub	由 UPS 和安进针对西那卡塞/西那卡塞片的许可收益发起的债券。该交易的储备金为 14 亿美元，票息为 8%
2006	1.10	Rotovax Royalty Sub LLC	该证券分别基于默克和史克成公司制造和销售的 Rotateq 和 Rotarix 疫苗所对应的许可费

资料来源：IAM Management Report，2007.

---

❽ Ronald Borod, *op. cit.*, p. 18.

从上述案例可以看出，成功的知识产权证券化案例也像典型的资产证券化运作一样，需要合理地预测未来的现金流，汇集标的资产，完善知识产权产生的许可收入的管理体系。

20世纪90年代至21世纪初期，得益于以住宅抵押为支撑而发行的资产支持型证券（ABS）的证券化，以及以商业建筑抵押、信用卡贷款、各种应收款等多种资产证券化的强劲发展，IP证券化也得到了很大发展。但是，2008年美国次贷危机引发的全球性金融危机中，ABS市场受到冲击不断萎缩，IP证券化的交易也受到了限制。❾

在韩国，资产证券化法规定证券化的对象是债券、地产以及其他知识产权。证券化标的资产包括了具有财产性价值的所有资产。另外资产证券化的对象不仅是当前产生现金流的债券，还包括未来预计要发行的债券，也就是未来可以产生现金流的资产。因此，虽然在法律制度层面上可以将知识产权作为证券化的对象，但该知识产权必须产生现金流或存在未来可预测的现金流，才能在经济层面上成为知识产权证券化的标的资产。而且作为标的资产的知识产权必须是具有真实交易效果的转让或者是信托，资产持有者破产时可以从破产资金中剥离出来，资产的回收和支付与资产持有者分离来实施。❿

韩国的IP证券化案例中典型的是2007年"依恋"商标权证券化案例。该案例中依恋公司面向中国法人 E – Land International Fashion（Shanghai）Co. , Ltd, 把旗下6个品牌3年内商标使用费债券、商标销售金额债券以及商标使用费、商标交易金额存取账户的退换存款的债券信托给韩亚银行，以韩亚银行的收益权为支撑发行资产支持型商业票据（ABCP），通过IP证券化进行过融资。⓫

以知识产权为标的资产证券化与典型的资产证券化类似，最大的目的是资产持有者也就是IP权利人通过上述方式进行融资，与基于自身信用的融资相比，能为其节省融资成本。在证券化结构中，发行证券的主体SPV

---

❾ 20世纪90年代中期至2008年金融危机发生之前，美国IP证券化发展的因素中，Ambac、MBIA等被称为专业金融担保公司担保的信用保障措施起到了很大的作用。

❿ 권재열, "지식재산권 증권화를 위한 자금조달", 한국증권법학회 정기세미나, 2004, 3~4면.

⓫ 依恋公司的案例虽然通过信托结构形成了以商标权使用费为支撑的基础证券化结构，但存在相关公司的担保以及提供信贷，对于是否是典型证券化还有待商议。

是基于转让得来的资产作为担保发行有价证券，所以评估证券的信用度时，只会关注本利回收的可能性，不会涉及提供基础资产的持有者本身的信用风险。因此 ABS 只要具备适当的结构同时增加信用保障结构，就会获得比资产持有者本身更高的信用等级，从而可以降低融资利率。同时，在资本市场上改变了只凭资产持有者自身信用等级不能发行债券的情况。流动化证券的本利偿还金额来源于转让给 SPV 的资产产生的现金流，即使现金流不及证券的本利偿还金额，原则上资产持有者不需要对投资者支付偿还本利的责任，具有一定的非追索权金融❷（Non – Recourse Financing）的性质。

实现对知识产权的证券化，资产持有者将相对于固定资产具有较低流动性的 IP 资产转化为具有较高流动性质的金融资产，可以改善自身的财务状况，将资金应用于其他研发项目中。因此作为结构化金融即使证券化的步骤复杂，但还是以多种形态广泛应用。

上述的知识产权证券化在市场上作为有效的融资手段来使用，首先必须确定知识产权的收益。即可以评估知识产权被权利化、商业化以后能否创造现金流或者未来能否创造现金流，而且创造出来的现金流能否足以保证所发行债券的本利偿还金额。

通过 IP 证券化的融资方式，相比凭借借款人自身的信用度融资的一般企业融资，融资结构相对复杂，交易费用也会相应增加。因此，为了实现减少融资成本，需要达到一定融资规模，才能实现经济效益。在这个观点上，证券化是适用于知识产权转化为收益资产化，创造现金流的阶段。

（三）售出并回授许可

SLB 是 IP 资产化金融中最基础的形式，也是结构相对简单的金融形式。在 SLB 过程中，持有专利、商标等知识产权的企业通过向资金供给者出售 IP，获得销售收入得以成功融资。转让 IP 的企业为了维持企业经营，需要获得 IP 买入者的许可，继续利用 IP 进行相关的企业经营活动，在经过一段时间后，再次回购该 IP。在 SLB 结构中，作为资金供应者的 IP 购

---

❷　与母公司分开，独立地运营不同项目。从项目中产生的现金流与母公司的经营完全分离，筹集项目所需资金的方法。是根据自身的现金流完成项目，而不是外部的资金支援或担保等（NAVER 知识百科，每日经济用语词典）。

买者在许可 IP 使用权期间收取许可费用，获得收益（与专利权实施者的专利费用形式或者售卖专利的整体资金的利息相似），经过一段时间后再将 IP 销售给 IP 原持有公司，收回本金❸。因此，实际上 SLB 具有转让担保的性质。但是 SLB 还包括不同于一般的融资性资金筹集的方面。在利用基金结构的 SLB 中，NPE 扮演交易 IP 的购买者和管理者的角色，NPE 可以将通过转让获得的 IP 再次授权给其他需求者，创造额外许可收入，将这种收入根据合同与 IP 的原持有者进行分享。因此，IP 持有企业的融资方式除公司债务、银行贷款等传统方式以外，还可以运用所持有的 IP 通过 SLB 方式实现资金筹措。在 SLB 中既能保持对 IP 的实施权，又能通过 NPE 许可实施权，创造额外收益。

最近，在韩国也出现了 SLB 形式的 IP 资产化案例，为了实现这种形式的 IP 资产化过程，通过集合投资机构进行运营。最具有代表性的案例是"产业银行出资的 KDB Pioneer 知识产权私募特别资产投资信托"和"Idea Bridge 机会私募特别资产投资信托"。KDB Pioneer 知识产权私募特别资产投资信托将商标权通过 SLB 转让担保的形式，筹集了数百亿韩元规模的资金，"Idea Bridge 机会私募特别资产投资信托"给 IT 相关专利持有人通过 SLB 形式提供了资金。

（四）IP 担保金融

IP 担保金融是典型的通过质权设定融资的形式，也可通过转让担保的方式完成。首先购买 IP，再许可 IP 实施权的 SLB 方式，也会根据签约结构出现不同类型，但终归是带有转让担保性质的 IP 担保金融的一种。

质权设定这种典型的 IP 担保金融比 SLB 结构下的融资步骤简单，可节约交易费用，与其他金融方法相比更能迅速融资。当今社会，利用企业的核心资产，也就是激活在企业价值中占据重要位置的 IP 资产价值，对于企业融资具有重要的意义。而且，它是以资金借贷的方式融资，不会出现基于股份投资的融资带来的经营权稀释，只是通过运营创新企业等技术集约型企业所持有的 IP 来获得资金。

---

❸ 在 SLB 结构中，基本上以转让的 IP 资产本身价值为基础确定是否提供资金，但对企业的再购买能力的评估也非常重要。

　　根据不同需求这种 IP 担保金融案例有很多，比如 2010 年，联合国国际贸易法委员会（UNCITRAL）发布了"关于知识产权担保权的 UNCITRAL 担保交易安全立法指南"，其中就有打包所有专利技术作为担保的案例，以及将著作权的许可费用汇入账户的方式设定担保的案例。在韩国，2012 年开始制定了关于动产、债券等担保的法律，其中包括知识产权，该法律规定可以将知识产权打包提供担保。专利法、商标法等涉及知识产权的专门法律中，也有对质权设定以及公示方法的规定，这些构成了利用 IP 担保贷款的制度性基础。

　　金融市场参与者对 IP 担保金融的接受度也非常重要。为了更好地理解质权设定形式的 IP 担保金融的实际应用，本书先介绍过去在韩国作为示范业务实行的技术担保贷款方式。技术担保贷款是作为韩国产业技术评估院的技术担保示范业务，1997～2001 年短暂地实行了 5 年。在这 5 年里为265 家企业的 272 项技术提供了 566 亿韩元的资金。当技术担保示范业务的银行贷款出现坏账时，政府将补偿该银行损失的 90%，因此类似于技术评估保障。❶❹ 基于资产的担保金融制度的核心条件是发生债务不履行时，通过处理担保物保证债券回收可能性，但是技术担保的情况下，技术交易市场还不是很活跃，对担保债券的回收存在很高的不确定性，是制约技术担保制度成长的根本因素。

　　在质权设定形式的 IP 担保金融中，如果没有作为担保物的 IP 交易市场，那么 IP 的价值就会受到限制，将会制约 IP 担保金融的发展。而且，专利等担保物在担保权人行使担保权获得专利后，在实施的过程中，也可能存在专利权被无效的风险，因此 IP 担保物的价值评估阶段需要慎重地进行权利性的确认，同时也需要可以提前评估的能力。

　　过去的技术担保贷款是类似于政府担保的政策性金融，那么利用特别资产基金的方式等当前比较关注的 IP 担保贷款可看作是通过回收基金，利用设定为担保对象的 IP，形成实现担保权的 IP 资产化金融的形式，完成可交易 IP 担保物的二级市场交易的过程。❶❺

---

　　❶❹ 이성상, 지식재산 비즈니스 활성화를 위한 지식재산 생태계 조성에 관한 연구, 2013.5.
　　❶❺ 运用回收基金等 IP 担保金融虽说还没有完全脱离政策性金融的性质，但通过评估 IP 担保物进行金融运作的案例逐渐增多和形成二级市场等具有重要意义。

产业银行和特许厅合作实施的利用特别资产基金（回收支援基金）的 IP 担保贷款业务是将专利权等知识产权作为担保对象，最高可贷款 20 亿韩元，形成企业发生亏损时可出售知识产权实现收益的基金，分散担保贷款的风险。回收支援基金的运营企业通过管理知识产权，积极运营（许可、再次销售等）实现担保并确保收益，使 IP 担保贷款成为可持续的金融产品，在这个过程中，像韩国 Intellectual Discovery 等 NPE 发挥了重要的作用（见图 2－4）。

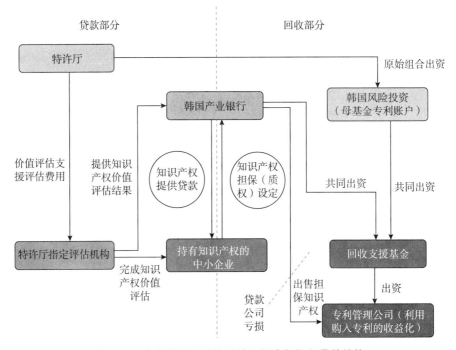

图 2－4 产业银行和特许厅的知识产权担保贷款结构

资料来源：韩国特许厅报道资料（2013.3.20）。

IP 担保金融尽管具有多种优点，但如上所述，通过 IP 担保物的交易可以回收债券的二级市场存在风险，同时在担保金融交易中资金供给者获得的收益（利息）和承受的信用风险不对等，因此通过 IP 担保金融筹集资金的方法存在一定的限制。据悉在中国市场上 IP 担保金融的规模不断扩大，提供的资金总额也急剧增加。2015 年，中国专利质押贷款总额高达560 亿元人民币。

　　中小企业或风险企业根据自身持有的专利价值申请银行贷款时，需要委托政府指定的价值评估机构进行专利价值评估，在银行认可的范围内可以以专利为担保物获得评估金额中的一部分资金。这种情况下，大部分专利价值评估结果无法准确地确定市场上实际交易的金额或正确反映专利价值，因此只能获得比评估结果更小比例的贷款额。

　　例如，韩国国内银行的专利担保贷款，一般可贷额度为专利价值评估额的 10%~20%。因此，在对所持专利的价值评估不准确的情况下，不管是市场上还是评估机构的评估金额，都不能充分地反映专利权的价值。而且在专利权的应用方面，对于风险的评估也不够完善，因此贷款比率相对低下。

　　从银行的立场上看，IP 担保贷款是一种高风险信用贷款。尤其是韩国现有的银行还不具有评估技术和 IP 的专业性，无法自主完成技术评估和 IP 评估，即使是委托外部的公共机构来完成价值评估，在银行内部也没有完善的对放贷负责人的免责制度，因此在批贷执行过程中存在一定的障碍。而且，IP 担保贷款中 IP 本身如果具有充分的交换价值，就会非常顺利，但是当下还没有形成"回收基金"市场，也就是还没形成可交易 IP 担保物的二级市场来帮助实现 IP 价值。

　　另外，需要强化对专利权本身的评估。知识产权界一直致力于开发专利评估产品，实现把专利权转化为担保能力。最近，韩国代理人协会呼吁将对专利的权利性和安全性评估作为专利价值评估的核心，应当加强其评估力度。为了将业界的需求应用到现实中，不仅要提供评估工具，同时也需要通过更好的评估信誉度以及与贷款银行的业务合作，实现真正反映需求的价值评估。允许具有一定信用度的 NPE 开展专利价值评估业务，银行应根据评估结果实施 IP 担保贷款。也应该考虑委托 NPE 管理不良 IP 资产，就像房地产的不良贷款（NPL）市场，构筑可以回收不良贷款的系统。例如产业银行和 Intellectual Discovery 公司通过签订"回收基金"协议，开展了上述业务，同时 IBK 企业银行总部也将为担保贷款开展的"回收基金"委托给了 Intellectual Discovery 公司。

中国知识产权质押制度

中国在 1995 年公布实施的《担保法》中第一次明示了专利权等知识产权可以用于质押，此后 2006 年中国交通银行与律师事务所、资产评估公司一起实施了中国最早的知识产权质押融资，但初期的成果不是很明显。随着《国家知识产权战略纲要》的颁布，国家知识产权局加大了对知识产权质押的推进力度，2008 年以后，中国多个城市实施了知识产权质押融资示范业务，2011 年公布了《专利权质押登记办法》，明确了质押登记的管理部门等相关规定，进一步完善了相关制度。在政府部门的支持下，通过金融机构和知识产权服务机构的合作，制定了知识产权质押融资的方法，积极推进了质押贷款业务。2006～2011 年，中国专利权质押金额累计为 318.5 亿元人民币，2012 年据国家知识产权局统计，完成专利质押贷款 141 亿元人民币，商标权质押贷款 214.6 亿元人民币，著作权质押贷款 27.51 亿元人民币。2015 年，中国完成专利质押贷款 560 亿元人民币。促进中国的知识产权质押融资的因素之一是通过设置知识产权交易所、文化产权交易所、著作权交易所，增加了知识产权交易，促进了担保金融的迅速发展。根据中国金融系统的特殊性和内在的热点问题，应认真考虑如何促进中国 IP 担保金融市场的快速成长，尤其是通过 IP 交易市场与金融的融合实现 IP 担保金融的持续发展，可以看作是现实性热点问题。

（五）IP 商业化金融

近年来在 IP 金融中，最受关注的形式是 IP 商业化金融，随着 NPE 与基金结合的进一步深入，具有替代投资性质的 IP 商业化金融得到了迅速发展。尤其是，随着全世界的基准利率不断降低，股票市场和债券市场收益率不断下降的情况下，对另类投资的关注度越来越高，其中 IP 商业化金融作为崭新的投资品备受关注。

IP 商业化金融是对冲基金、私募基金等财务性投资者和企业战略性投资者为追求自身收益而组成联合体投资机构（特别资产基金），直接运营知识产权相关业务或给非专利实施主体（NPE）提供资金的 IP 金融形式。

NPE 基于 IP 的创收业务与基金结合在一起形成了与企业金融不同的具有替代投资性质的 IP 商业化金融。它一方面为基金投资者（受益者或者股东）分配收益或红利，另一方面还保护以战略性投资者身份参与基金的企业的利益。

通常情况下，一些 IP 商业化金融的实际案例包括攻击性 IP 基金和防御性 IP 基金。攻击性 IP 基金利用筹集的资金通过 NPE 买入 IP，再通过诉讼的方式获得赔偿或许可费。防御性 IP 基金则具有较强的策略性目的，通过 IP 的战略性运营形成能提高 IP 组合价值的项目的平台基金❶。本书的第 3 章和第 4 章将详细介绍基于多种 IP 商业化金融的投资结构、IP 投资者的范围，以及实际案例。

二、IP 金融方法的变化

关于 IP 金融，过去研究的中心主要是 IP 证券化，但近年来逐渐围绕引起了很大关注的 NPE 展开。如上所述，体现 IP 金融的金融方法呈现多种形式，未来也会出现更多利用新金融结构的 IP 金融方法。

全面研究 IP 证券化、SLB 形式、IP 担保金融、攻击性专利基金、防御性专利基金、孵化基金等多种 IP 金融结构的发展过程，有助于了解不同性质的金融方法，而不会仅仅局限于当前热门的某些特定形态的 IP 金融方法，从而能更清晰地了解 IP 金融的未来发展方向，掌握问题的关键。

（一）从现金流来看 IP 金融的发展过程——IP 资产化

20 世纪 90 年代中期，美国的 IP 证券化市场得到了迅速发展，真正实现了知识产权证券化。例如 Bowie Bond 案例中，具有较高知名度的艺术家的音乐作品，已具备现金流数据或者可预测未来收入的著作权；如 Guess 一样的知名商标；还可以用多种形式产生许可收入的商标权，如 Royalty Pharma Trust；基于可评估当前或未来现金流的医药品专利实现证券化。这些案例的共同点是以已经产生现金流或者即将获得货币化从而可预测未来现金流的 IP 资产为对象进行交易。

2000 年以后，随着 NPE 越来越活跃，以攻击性专利基金为中心的 IP

---

❶ 이성상, 지식재산 비즈니스 활성화를 위한 지식재산 생태계 조성에 관한 연구, 2013.5.

金融迅速发展起来，这种发展趋势不仅涉及已产生收益的 IP 资产，还涉及购买具有潜力的 IP 资产通过诉讼等方式实现收益化的过程。与其他资产证券化相比，IP 资产证券化更加积极地提取了 IP 资产包含的潜在经济价值，使 IP 成为独立的投资对象。

IP 金融的这种变化，不仅受到了 2008 年金融危机前证券化的基础资产对象范围的不断扩大的影响，也受到危机后替代性投资增加的影响。但是基本上可以看作对于 IP 价值认识的增加和 IP 升格为独立资产的金融市场的资产化过程。

这样的 IP 资产化的发展使持有 IP 的企业可以摆脱以股权为中心的融资方式，以及从金融机构借贷或发行债券融资的以负债中心的融资方式，可以根据企业持有的 IP 性质和权利化以及商业化阶段、所需资金的性质和规模、资金供应者的性质等多种因素灵活运用 IP 金融。同时还可以选择满足金融市场的各种金融机构和投资者不同风险接受程度的 IP 金融方法，供应丰富的流动性，进一步促进了金融市场的发展（见图 2 - 5）。

图 2 - 5　IP 金融：融资方法的选择和考虑因素

在知识产权的权利化和商业化阶段中，根据现金流的变化和风险程度可以分为初创期、导入期、成长期、成熟期，知识产权相关的金融手段可以根据这些生命周期的各个阶段的特点选择相应的融资方式。为了提高 IP 金融的可实现性，并实现所期待的经济效益，应该从知识产权的生命周期和现金流的创造性方面来考虑（见表 2 - 2）。

表 2 - 2   知识产权生命周期和对应的融资手段

知识产权生命周期	特征	融资手段
初创以及导入阶段	稳定性较低，没有现金流，需要补偿高风险	以股票等股权为中心的投资结构
商业化以及成长阶段	现金流被限制，需要二次投资	以负债为中心的金融结构
商业化成熟阶段	现金流很充足，偿还高成本借入资金	运用多种金融方法（证券化、IP 商业化金融等）

资料来源：자료：최철，지적재산권의 수익자산화와 금융구조에 관한 소고，2011.

将 IP 金融的多种形式根据投资、融资结构，提供担保等不同特性分类，如图 2 - 6 所示。

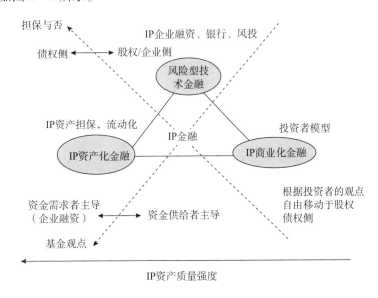

图 2 - 6 **IP 金融投资、融资结构模型**

IP 的质量越高越倾向运用 IP 资产内在价值的 IP 资产化金融。

从市场参与主体的角度看，早期 IP 需求者与供给者大多是一对一签订买卖合同，但随着 IP 基金将专利运营纳入业务范围，为了获得更多收益，其会通过贷款方式扩充资本。与此同时，IP 需求端的增加也促进了供给端的增加。获取收益的机构和个人会继续发展专利业务，扩大规模获得上亿美元投资，同时以封闭投资的形式将基金期限改为 5 ~ 10 年，而且利用 IP 进行诉讼获取收益的意图更加明显（见图 2 - 7）。

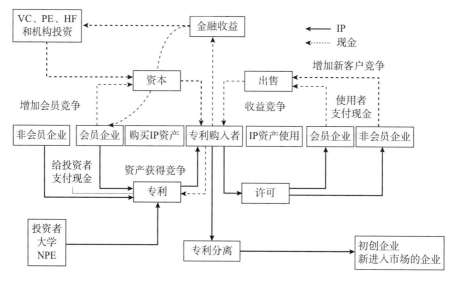

图 2 – 7 IP 和现金流

注释：风险资本（Venture Capital）、私募基金（Private Equity）、对冲基金（Hedge Fund）、机构投资（Institutional Investment）。

资料来源：Vincent Pluvinage, IP business models: past, present and future, IAM, July/August 2011.

　　在这种情况下，世界范围内的专利购买生态系统已经呈现自发性结构。购买专利池的主体已经可以通过风险资本、私募基金和对冲基金等多种金融机构获得融资，也可以以专利池成员或者战略性投资的形式从企业获得资金。利用获得的资金从大学、NPE、企业购买专利，再通过诉讼等方式将专利转化为现物出资形式。通过这种方式获得的 IP 应用于专利池业务时，面向会员企业、被许可企业以及诉讼对象企业进行收益化活动，其中也可以分离部分专利投资到新进入市场的企业。

　　当前的情况与 Acacia 的初创期不同，虽然在获得 IP 以及收益化过程中竞争不断加剧，但已形成金融和 IP 结合的良性循环结构，可以期待未来更多 IP 相关企业更活跃的发展。

　　除了攻击性 NPE Acacia 公司，涉及专利购买、创造、许可、诉讼等业务的高智（Intellectual Ventures）、为了会员企业的防御目的购入专利的RPX 公司、运用信托结构购入专利的 AST 公司等都是当前典型的 NPE。最近还出现包括利用众筹方式为客户检索现有技术的 Article One 公司、引入IBM Patent Factory 概念通过构建发明方式以及按需发明方式开发和销售发明技术的 IP Create 公司等运用崭新 IP 商业化模式的公司。通常情况下，NPE 一般不公开 IP 所属关系，仅以 SPC 名义进行专利诉讼，但也出现了愿意公开专利所属权的 Conversant IP 等 NPE，其 IP 商业化模式出现了进一步进化。

IP 金融形成的制度和环境因素

专利战的经典案例：宝丽来 VS. 柯达

1976 年：宝丽来以对拍立得和胶卷的侵权为由针对柯达提起诉讼（提起诉讼当时，宝丽来的销售额仅是柯达的十分之一。）

1991 年：美联邦大法院判决宝丽来胜诉

败诉的柯达支付了 8.73 亿美元的侵权赔偿，关闭了投资 15 亿美元的公司，解雇 700 名员工，收回已销售的 1600 万个拍立得相机，花费了 5 亿美元。

柯达和宝丽来的案件中，虽然确定了巨额的侵权赔偿费用，但是该费用没有成为形成 IP 金融的充分条件。其理由是，第一，大部分诉讼都是制造企业间的诉讼案件，其诉讼目的基本上是限制竞争对手进入相同领域的市场，而不是金钱上的赔偿；第二，实施企业为了制作产品等战略性目的而持有专利权，因此作为市场上交易对象的专利还是比较少；第三，当时专利诉讼制度的不完善以及法院缺乏专业性，因此提起诉讼至最终判决需要相当长的时间，而且对诉讼结果很难做到预判断。

这些制约因素随着联邦巡回上诉法院（CAFC）的成立，建立了针对知识产权诉讼裁判部，导入《拜杜法案》（Bayh – Dole Act）允许大学和非营利科研机构转让其在美国联邦政府基金的支持下进行的研发项目中所产生的知识产权，从而扩大了持有 IP 的非实施组织，增加了通过专利许可创造收益的需求。另外，自从 20 世纪末互联网泡沫破灭后，技术集约型风险企业接连破产，可交易的 IP 大量供应到市场上，也是 IP 金融市场成长的重要因素。

（二）NPE 的收益模式和成长

NPE 的收益模式中，在利用专利权许可的方法上没有太大变化，但在筹集运营专利权所需要的用于专利购入、专利诉讼费用以及 NPE 运营费用方面，积极引入了 IP 基金性质的资金。为了实现这种融资，就很自然地出现了制造企业作为战略性投资者性质的投资和金融界作为纯粹财务投资者性质的投资相结合的投资基金。

IP 投资基金在投资时多以项目形式进行，不会盲目投资，一般选择较为有前景的合作方或者购买者进行具体的投资。即具有多重战略的对冲基金、天使投资、律师事务所、欲将自己的专利扩张的专体主张实体（PAE）等。其中私募基金（PEF）一般将投资额中的一部分按 IP 投资的方式进行，其中，Hudson Bay、Iroquois、Juridica 等都是此类基金。❶ 新生IP 基金将 PEF 的总基金规模的 1% ~ 10% 投资到 IP 商业化中。投资金融机构组建投资组合的时候，IP 资产只是其中的一种替代投资物，但在金融市场上作为投资对象越来越重要（见表 2 - 3）。

表 2 - 3 NPE 性质变化

第一阶段 企业基金	第二阶段 金融基金	第三阶段 制造企业 + NPE
Intellectual Ventures Acacia RPX AST Intellectual Discovery	NPE + 基金	结构化 IP 基金 专利私掠者模式 i）制造企业→NPE Nortel→苹果 + Rockstar 诺基亚→Pendrell，Vringo 爱立信→Unwired Planet Micron→IP Value + RRR ii）制造企业→NPE 化 诺基亚、InterDigital、Tessera

NPE 的发展可以划分为三个阶段，第一阶段，高智一般从作为战略性投资者的 IT 跨国制造企业如微软、惠普等公司获得资金。第二阶段，随着这种商业模式被市场所认可，越来越多的金融投资者投入实际投资中。Altitude Capital 或者 Coller Capital 等私募基金（PEF）主导了对 NPE 商业模式的投资。第三阶段，制造企业和金融基金结合在一起，高盛等华尔街主要投资机构的介入也增多了，而制造企业为了战略性目的或者经营的理

❶ Peter D Holden，The ever – changing IP monetisation marketplace for PAEs，July/August 2013.

由也常常将专利转让给 NPE 的专利私掠者。同时，股权投资企业的上市（IPO）或并购（M&A）等实现投资收益的方法也呈现出了更具有创造性的结构性变化。

（三）PAE 的运营和结构演变❶

通过购买专利，再提起诉讼，实现收益化的 PAE 模式面临巨大的挑战。随着制度的变化，诉讼费用、复杂度、法律上的不确定性因素都在增加，PAE 逐渐认识到利润在减少。在这种情况下，PAE 亟须在运营和结构上进行改变，因此在行使权利的时候寻找更为细致的战略，选择较柔和的、具有合作意向的方法，从而实现在短时间内获得收益。

不管是已经上市的企业还是没有上市的企业，PAE 的成败在于持有不被季度性财务报告或年度财务报告中各个指标以及专利买卖所左右的专利组合，需要具有两个以上不同技术或市场、相应的多种被许可人、实现现金化的多种战略、其他可以收益化的组合、能够合作的交叉融资基金，这些可以使收益渠道多样化，管理由此带来的风险，也非常有必要。

目前为止，多数人认为所谓 IP 公司是在产品开发过程中，知识产权作为衍生产品所生产出来的企业。这些企业中包括 Inter Digital、Tessera、Parker Vision、Qualcomm、IBM、Nokia 等。这些企业随着基于自身核心知识产权的许可项目增多，为了延续企业的成功，必须跨出自身处于优势的无线通信、半导体等核心技术领域，扩张到智能汽车、可穿戴设备、医疗设备、发光二极管等新的技术领域。

2000 年后，很多 PAE 选择上市是为了通过结构化金融或反向兼并获得专利组合。在这样的交易中，多数通过对冲基金和私募基金来完成。有些情况下，这些上市企业要么不进行生产制造，要么是收益性非常低的实体企业，另外有些企业是获得资本的场外交易公司，利用新获得的知识产权产生效益时，等待股价上涨或在纳斯达克重新上市的战略。

这些企业的上市模式可以说比风险企业或债务基金相对更容易进行证券化，而且可以为投资者提供 IP 货币化的手段，也体现了华尔街将知识产权看作是替代资产。这些上市企业为了成长或生存，必须长期持有充足的

❶ Peter D Holden, The ever-changing IP monetisation marketplace for PAEs, July/August 2013.

知识产权、资本或管理资源。同时也要为股东展现成长态势，努力持续许可技术或者获得新的知识产权。

关于诉讼 PAE 面临的挑战

制造业对于特定 PAE 看作专利流氓的负面认识增加；

越来越难以证明对于标准必要专利的 FRAND 原则热点较高的许可费比例；

越来越难以对过期专利过期前的侵权获得赔偿；

PAE 收购制造企业的资产时，难以向美国国际贸易委员会（ITC）主张"国内产业"；

难以维持赋予 PAE 的分许可权利适合诉讼当事人的热点；

越来越难以获得临时禁令判决。

挑战带来的 IP 商业化的变化

随着 PAE 侵权诉讼的胜诉率下降，部分律师事务所不愿意基于风险代理展开工作；

和解所需的平均时间增加；

和解金额呈减少趋势；

诉讼费用增加，随之现金持有以及风险代理费用增加；

用单一专利进行诉讼或不是较强专利时，通过美国专利商标局的 IPR 程序成功导致的专利无效率增加；

许可项目的收益性呈现减少趋势。

根据这些变化，PAE 试图重新整合自身的 IP 商业化模式，使自身拥有的 IP 资产组合更加多样化，进一步减少不确定性因素，并通过与其他投资者分摊费用的方式来管理 IP 许可项目。

美国 IP 管理公司 IP Value 的前高级副总裁 Peter Holden[19] 曾对 PAE 商业环境变化提出了一些看法，下面介绍相关内容（见表2-4）。

---

[19] 2014 年开始担任 IP Create 的总裁。

表 2 – 4　**IP Value 前高级副总裁 Peter Holden 对 PAE 的一些看法**

强化专利的质量	购买更全面的专利组合，将更多的专利应用于诉讼
扩大资金	通过个人投资者以及上市企业扩大资本储备，以此可以扩大专利购买量，管理更多的许可项目
收益项目的多样化	将可预测的购买收入通过预付款或首笔支付费用等不同收益混合的方式作为商业谈判的杠杆。考虑到风险特性、所需时间以及收益类型，这些可适当地混合运营
IP 组合多样化	互补的技术以及通过关联市场，确保多种投资组合
扩张合作力度	内部的核心 IP 团队和诉讼律师们，还有在 IP 业界为了运用新的观点和关键点，与外部的 IP 商业化团队紧密联系
跨国运营	大部分 PAE 的中心都位于美国，但目前逐渐扩散至周边。可以在德国或英国法院提起诉讼，同时也可以向中国、韩国、中国台湾的购买者销售专利。考虑到最近欧洲和日本发生大规模的结构调整、合并、破产等，这些地区对 IP 资本的提供者来说越来越重要
IP 二级市场	基于二级不良债市可以获得许可项目，如果缺乏现金或收益性下降的时候需要追加支援，可以预测未来几年内 PAE 通过结构调整以及合并等方法增加二次机会
金融以及投资的高度化	为了反映投入资本的实际费用（税金等），协商需求的收益率以及最低资本回报率在管理 IP 投资方面是起到决定性作用的因素，也会对 PAE 的投资业绩产生巨大的影响

随着 IP 市场的竞争加剧，IP 投资者除了采用购买 IP 资产等非常直接的方法，还要为招揽专业性的人才和资产进行更具创造性的"结构化"交易。在此过程中可以运用共同所有权、风险合作、IP 并购、专利池、联合形态的交易、收集—释放（购买专利权后对此进行分析，根据用途分类，再出售一部分专利的方法）、企业合作关系、综合性合作关系以及共同拥有收益权的合作关系等方法。

（四）IP 商业化金融和 NPE 的进化

IP 商业化金融是通过 IP 基金向 IP 货币化的商业模式进行投资，并追求现金收益的方式。NPE 基于 IP 的运作与 IP 基金结合在一起，变成了具有替代性质的投资，而不是企业融资方式。此时，作为完成 IP 商业化的主体，NPE 的作用和性质显得尤为重要。

高智的出现证明了 IP 本身也可以成为商业化运营的对象，在此之前，

IP 金融如 Royalty Pharma 案件中所提示的，主要运作方式是以许可合同为质押贷款的形式。即不是基于 IP 自身的价值和稳定性，而是像债券一样现金流得到保障的情况下对 IP 资产进行投资。

另外，IT 制造企业为了防止被竞争对手提起专利侵权诉讼，把 NPE 当作中间媒介来进行运作，IT 制造企业认为通过 NPE 展开间接的专利纠纷比直接与竞争对手进行诉讼更为有利。

目前，NPE 的运用方法越来越多，除了间接的防御效果以外还可以获得专利费收益。运用 NPE 的商业化成长不断提高，金融资本对其关注度也不断提高。尤其是，当企业出现亏损的情况下，像处理北电（Nortel）的通信标准专利或柯达（Kodak）的图像处理相关原始专利等案例的出现，进一步推动金融资本参与 IP 金融。IT 企业引入金融资本可以减少企业的负担，另外，由于全世界经济低迷，苦于找不到适当投资项目的投资者们也可以获得高收益回报，可以理解为是双方利益不谋而合的结果。[20]

（五）NPE 商业环境变化以及对应战略

对于 NPE 的各项监管日益严格，但是在这种环境下 NPE 商业活动仍然在持续。经过多年来的快速发展，当前 NPE 基于专利诉讼的收益模式面临重大的挑战。多数专家认为，最近针对 NPE 的法规环境的变化并不是从源头上切断 NPE 商业模式。美国法院提起的专利侵权诉讼的很大一部分都有 NPE 在参与，被诉的制造企业只能投入更多力量应对诉讼。但是 NPE 提起的专利侵权诉讼胜诉率却呈下降趋势，而且在美国侵权诉讼的受理法院也出现了一些对专利权人非常不利的案例，这也产生不少影响。

NPE 运营专利的环境也正在发生变化。比如以技术领域为例，过去 5~8 年，智能手机制造企业间发生了大大小小的数次专利战争。最近在苹果和三星的跨国诉讼中，除了美国之外的其他地区的诉讼都已达成和解。以此为契机，制造企业间关于智能手机相关专利的大规模专利纠纷预计会大幅下降。在过去 10 多年，以 Interdigital 和 NPT 的通信标准专利诉讼为开端，三星、LG、诺基亚、爱立信、微软、苹果、谷歌、HTC、RIM、索尼、摩托罗拉、高通等世界范围的智能手机制造企业间激烈的专利纠纷大都以相互间的交叉许可的方式进行解决，但还有诺基亚等被微软收购后，向三

---

[20] http：//news. mk. co. kr/newsRead. php？ sc = 60100119&year = 2013&no = 48212. 2013. 12. 17.

星、LG 要求支付当前专利费用的 20 倍以上的专利许可费的情况；Unwired Planet 通过转让获得爱立信的部分专利，Vringo 通过转让获得诺基亚的部分专利后，在 IP 诉讼市场上还比较激进，这些可以看作是 NPE 商业模式发展趋势的一部分，但从整体趋势上看，大规模制造企业间的专利问题正在得到解决。

智能手机之后，IP 商业化的焦点可能转向的领域包括智能汽车、电动汽车、物联网（Internet of Things，IoT）领域。高智很早就对世界性汽车公司进行了第三轮专利买入基金的募资。未来 10 年间，预计与智能汽车、电动汽车以及物联网等领域会出现与智能手机类似的情况。NPE 要获得商业的成功，非常有必要持有能主导未来市场的核心专利，如提前持有智能汽车相关的安全泊车技术以及无人驾驶技术等相关技术的专利。

NPE 的类型和 IP 金融

NPE 是 Non Practicing Entity 的缩略词，即"非专利实施主体"。根据这个名字，NPE 不仅包括以营利为目的的企业，还要包括大学、研究机构等非营利组织，它是一个很宽泛的概念。关于 NPE 的性质有很多争议，下面将 NPE 分类如下。

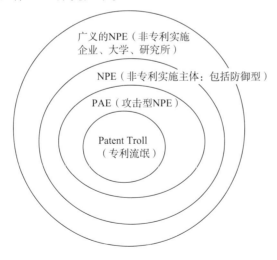

广义的NPE（非专利实施企业、大学、研究所）

NPE（非专利实施主体：包括防御型）

PAE（攻击型NPE）

Patent Troll（专利流氓）

非专利实施主体虽然持有专利，但并不直接实施它所拥有的专利。广义上的 NPE 包括：积极搜索并实施 IP 商业化模式的攻击型 NPE、防御型 NPE；以及其他服务型等多种性质的专利管理公司的 NPE；购买专利再通过诉讼实现收益化的 PAE；过去利用美国潜水艇专利㉑等制度性优势攻击制造企业或面对中小企业、个人等应对能力薄弱的侵权人提起无差别诉讼，施加压力获得和解并获取收益的典型专利流氓形式的 NPE。在本书中，NPE 是指基于 IP 商业模式获取收益的专利管理公司。㉒

最近，关于 IP 金融的大规模诉讼或交易中出现的 NPE，不会将 IP 实施到制造业，只将 IP 当作创造现金流的投资对象来购买 IP 资产。这时，所需的资金通过向金融市场的财务性投资者介绍其收益性才能够获得，或者与特定的制造企业签署战略性合作关系，由此将 IP 当作投资对象从战略性投资者手里获得现金投资或财务性投资。此后的 IP 收益化业务中所需的诉讼费用或者运营费用也通过金融市场获得，或者引入诉讼专业基金，还可以与相关的律师事务所签订风险代理合同，以支付收益分成为条件，将诉讼费用中占据大部分的律师费用改为诉讼获胜后支付的方式。在上述商业模式中，运用所持有的 IP 资产通过许可或诉讼获取收益的企业就是 NPE。为这些企业提供资金的基金叫 IP 基金。

当下的 IP 商业化大部分是以企业的 IP 许可为目的的服务型企业或者将 IP 运用于制造企业实现商业化的形式，随着出现不投入制造企业只将 IP 当作运营对象的 NPE，业务上需要的资金不单单依靠制造企业，利用 Goldman Sachs、General Atlantic 以及 Black Stone 等美国私募基金（PEF）等大型金融资本，通过多种结构化金融以独立的业务主体来进行商业活动。

㉑　实施的产品在市场上畅销之前，故意拖延审查，其他企业在未知情的情况下，针对实施企业主张权利的案例，目前美国引入了公开审查制度，使得像潜水艇专利这样的专利申请不可能长期隐藏。

㉒　因此，排除大学、研究所、非专利实施企业。

　　随着将 IP 资产当作现金流的直接来源和投资对象，不仅是制造企业为了防御风险的具有技术保护意义的行动自由，还具有 IP 创造收益的独立投资资产性质。随着交易金额达数十亿美元的北电和诺基亚的专利交易发生之后，美国大型投资银行 Lazard、Evercore、Fortress 也参与到 IP 交易中。进一步演化为不仅与持有专利的传统技术企业，还与 NPE 等 IP 管理企业也形成投资关系的新型商业模式。投资银行对 IP 商业化模式的关注度以及参与形式、投资观点，对未来 IP 商业化模式的发展趋势具有很重要的意义。Ericsson 向 "Unwired Planet"❷ NPE 投资了 3G/LTE 标准专利，与其分享未来收益，这家 NPE 的运营资本就是由一家叫 Evercore 的美国大型投资银行来提供。

---

　　❷ Unwired Planet 原来是一家互联网兴起时创立的美国互联网科技企业，原来公司名称是 "Openwave"。但是由于企业发展未规划好，陷入了财务困境，后来发现自身的核心资产也就是专利权，并发展以持有专利的许可为主营业务，形成 NPE 的商业模式，而后在美国纳斯达克上市。

第 **3** 章
IP 货币化模式

一、IP 货币化模式的理解

2008 年全球金融危机后，传统的投资对象如房地产等实物市场和金融衍生品的市场逐渐萎缩。在这样的环境下，美国、欧洲等发达经济体的救济贷款和流动性供给产生了新的金融投资对象，即 IP 资产。随着 IT、电子通信领域飞速发展，专利战争不断激化，作为企业的核心资产知识产权的重要性越来越受到关注，利用 IP 资产的商业模式越来越多样化。

IP 商业模式的形成以及企业对 IP 利用的认识都与公司经营战略的变化有关。2009 年，经济合作与发展组织（OECD）发布的报告中揭示了 IP 商业业务领域的 5 种类型。此报告指出在知识产权的创造、利用、保护过程中，有可能产生商业业务的领域分为知识产权的管理以及援助、知识产权的交易、知识产权组合构成以及授权、防御性专利管理、基于知识产权的金融模式。此外，知识产权形成的相关商业还包括追加研发、逆向工程和法律支援、教育支援等知识产权业务（见表 3 - 1）。❶

表 3 - 1　IP 商业业务领域

类型	业务介绍
知识产权管理、援助	针对知识产权持有企业的专利组合，进行分析、管理以及价值评估、授权战略支援
知识产权交易	专利交易以及中介作用

---

❶ 손수정 외 (2011), [지식재산비즈니스 모델 전망과 성장동력화 방안], 과학기술정책연구원.

类型	业务介绍
知识产权组合构成以及授权	业务结构调整中，战略组合构成以及挖掘特定专利（或专利许可权），购买此专利并授权给所需企业，并与专利专门管理公司（NPE）对接
防御性专利管理以及专利公开	减少专利诉讼等发生纠纷的风险和费用的服务
知识产权金融业	形成知识产权质押融资、授权、开发、交易等作为目标投资的 IP 基金

资料来源：OECD(2009);손수정 외(2011) 재인용.

　　从传统意义上讲，IP 的战略性价值是开展和运营 IP 相关的业务，并在该领域中限制竞争对手。当今，对 IP 的运用超越了传统的方法，随着通过 IP 货币化可以直接创造收益，形成了上述的多种形式 IP 商业模式。随着以基金为代表的 IP 资产投资资金来源的多样化，以及对 IP 资产收益率的日益重视，未来与金融相关联的 IP 商务模式将会飞速发展。

　　IP 商业金融模式中，金融机构主要以财务性投资者（Financial Investor，FI）的身份参与到 IP 金融市场上，NPE 是利用 IP 资产的主体，普遍主导 IP 资产货币化活动。近年来，制造企业也逐渐参与到 IP 金融市场中，制造企业需要获得企业发展所需的 IP 授权或者防御竞争对手构建 IP 组合。除了上述目的之外，最近从 IP 资产本身创造收益的情况也逐渐变多。在这样的情况下，制造企业会以战略性投资者（SI）身份参与到 IP 商业金融中。例如，美国半导体制造企业 Micron 利用持有的所有专利创立了称为"Round Rock Research"（RRR）❷ 的 NPE，开始转移专利权，开展追求 IP 货币化的业务。如图 3 - 1 所示，Micron 是战略投资者，IP 基金 IP Value 作为 FI 参与其中，RRR 作为 NPE 实现货币化的模式，由此前负责 Micron 专利申请、诉讼的，曾就职于美国大型律师事务所的美国律师 Kirkland 出任法人代表。RRR 为了向谷歌、三星、LG 提起专利诉讼，与美国最大的贸易公司 iCAP 合作，通过给潜在的被许可人提供不起诉合约❸的专利授权

---

　　❷ Round Rock Research 是大型 NPE，IP Value 的 SPV，FI 是 Goldman Sachs。

　　❸ Covenant Not to Sue：不起诉合约，是承诺不提起专利诉讼。该条件是保证未来不会提起诉讼，相当于对该专利的实质许可，在美国判例中较多使用，是行业内通用的概念。

拍卖，获得了诉讼初期资金。此后，可以顺利对剩余的潜在被授权人进行法律诉讼，并通过这种方法获得收益。

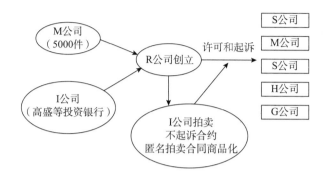

图 3-1 RRR 运行 IP 货币化的模式

图 3-1 显示了通过拆分 Micron 专利推进专利授权业务的 Round Rock Research（RRR）案例。

既要满足财务性投资者的需求，又要达成战略型投资者的目标，为此 NPE 越来越专业化。而且，投资 IP 资产的多种性质的 IP 基金与 NPE 结合在一起，与金融市场的联系越来越紧密。IP 商业金融模式与当前的 IP 货币化模式以多种金融手段结合在一起，形成满足 IP 金融参与者的战略性、财务性目的的形式。在这样的机构中，NPE 的作用越来越扩大。NPE 不仅提供代替制造企业把专利权转化为货币的专业服务，还会为 NPE 本身申办适合的基金，优化 IP 资产的商业金融模式和运营收益化项目，从而成为 IP 金融市场上起到主导作用的主体。为了完成上述功能，主要 NPE 公司配备了专利、法律专家以及金融专家。他们探讨崭新的商业模式，完成对项目的决策和实施过程。扩大财务性、战略性投资者的基础，将 IP 作为替代投资的对象资产，形成产生收益的 IP 商业金融模式。

（一）IP 货币化模式的形成和成长

1. IP 货币化模式的形成

从 IP 这种无形资产中创造流动性资产的过程称为 IP 货币化❹。其基本形式如下，即 IP 货币化的形式可以分为 IP 出售、IP 许可、IP 担保、IP 证

---

❹ IP 货币化是将 IP 这种非流动性资产转化为流动性资产的广义证券化，可以包括从 IP 创造现金流的货币化概念。本文中 IP 或者 IP 收益化、IP 现金化是相同的意思。

券化 4 种。其中最基本、最典型的 IP 货币化形式是 IP 出售和 IP 许可。通过 IP 出售或许可将 IP 资产转化为现金资产，创造 "现金流"。出售 IP 资产时，对个别 IP 的需求和评估由于交易主体所处的环境不同，起到连接作用的中介人显得非常重要，因此前期的费用也会增加。IP 货币化中许可项目的运营，也需要通过 IP 持有者本身的资金进行直接收益化。但是利用该 IP 进行收益化运营的过程中，所需的各种运营费用以及诉讼费用将成为负担。而且，在诉讼过程中，对于败诉的风险管理上具有一定的难度。因此，IP 持有者不会直接运营收益化项目，一般从外部筹措资金或通过 NPE 运营。因此，IP 出售和 IP 授权，除了 IP 持有企业直接运营的传统方法外，逐渐发展为通过 NPE 等以 IP 货币化为主要目的的专利管理专门公司运营收益化项目。

另外，还有运营标准专利池许可业务的 NPE，为 VIA Licensing、MPEG LA Licensing、Sisvel Licensing 等标准专利持有会员公司提供服务。这种模式下，使得 IP 持有会员公司不用逐一找到被许可对象企业收取专利费用。同时，通过专利管理公司的总体打包式服务，逐渐发展成通过利用 IP 资产获得收益的模式。在 IP 持有制造企业直接进行诉讼的情况下，容易遭到被诉企业的反诉，因此制造企业把持有的专利进行现金投资，从金融市场获得外部基金，再进行诉讼的情况也逐渐变多。

IP 持有企业将专利转移到 NPE，追求货币化效益或当作攻击竞争对手的手段。例如，苹果公司以本公司防御以及攻击竞争对手的目的，创立了多个 LLC 形态的特殊目的法人（SPV）。从日本的三菱公司购买的 "邮箱收件提示功能" 相关的专利也暂时转移到多个 SPV，转让给叫 Altitude 的专利管理公司。此后，Altitude 创立了专利主张实体（PAE）性质的子公司 Digitude，并转移了本身的专利，向美国国际贸易委员会（ITC）提起了诉讼，诉讼对象是除了苹果公司之外的谷歌、三星、LG、索尼、松下、HTC 等多数苹果公司的竞争对手。此后，被诉企业通过防御性基金 RPX 以企业联合组织的形式筹集了和解资金，获得了 Digitude 持有专利的许可。苹果公司没有包括在此次 ITC 诉讼中，应该是提前协调了从 Digitude 获得专利转让的出售金额以及许可条件。Digitude 具有多个攻击性 PAE 子公司，进行 IP 货币化业务的 Altitude Capital 是美国华尔街典型的对冲基金投资所建立起来的企业。借由 Digitude 的成功，又成立了类似形式的 NPE（Epicenter

等)，在 IP 市场上寻找另一种制造业投资者和金融投资者（见图 3 - 2）。

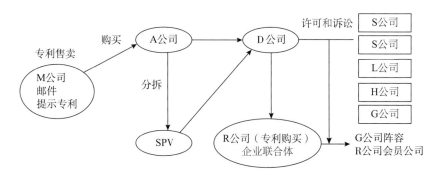

图 3 - 2   苹果公司通过专利购买与 IP 基金 Altitude Capital 相关的可能性案例

如上所示，苹果公司与 IP 基金通过积极的业务合作正在推进多种 IP 运营项目。有一个案例是，苹果公司与索尼、微软一起结成了专利购买共同体，从 Nortel 以 45 亿美元买入的 LTE 通信标准专利创立并委托管理称为 Rockstar Bidcore 的 SPV。此后，雇用了 Nortel IP 部门以及从事过研发活动的专利专家、工程师，分析核心 IP，共同体参与企业根据所持份额分散持有，利用剩余专利向竞争对手谷歌阵容的三星、LG 等企业提起了专利侵权诉讼。在这种情况下，三星、LG 等最终通过防御性基金 RPX，采取了重新购买的方式，支付了高额的专利费用。这个过程用图表的方式表示出来，如图 3 - 3 所示。

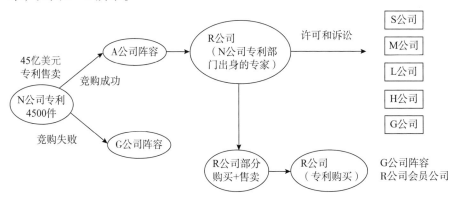

图 3 - 3   苹果公司联合体竞购北电专利以及设立 Rockstar Bidcore 案例

如上所述，IP 不仅是两个公司之间的单纯买卖或者两个当事人之间一对一 IP 授权，已发展成第三方 NPE、PAE 或者 IP 基金直接变成交易主体、直接诉讼主体等多种形式的 IP 商业模式。

从图 3－4 中可看出，当前的 IP 担保和 IP 证券化形式可以明确地区分是否存在 IP 金融交易，相反 IP 交易或者 IP 许可则需要根据有没有结合 IP 金融交易的情况，才能确定是否具有 IP 货币化性质。

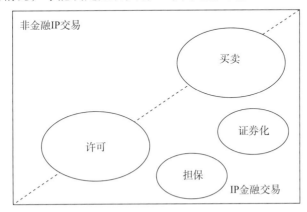

图 3－4　通过 IP 基金的适用与否看出 IP 货币化概念图

企业为了防止发生纠纷，在传统的从外部获得专利许可，或与竞争对手进行交叉许可等战略性合作的时候采用 IP 许可形式。但是，最近出现了 RPX、AST 等以防御性基金的功能为主要业务的企业。这些企业，为了防御 NPE 和 PAE 的诉讼，逐渐发展成提前购买风险专利，或者替会员公司购买诉讼专利，或者通过许可的方式对冲有可能给会员公司带来的风险。而且，IP 诉讼中，也形成了共同被告方的多个企业结成企业联合组织购买专利以应对诉讼的形式。参与企业联合组织的企业根据销售额的比例负担购买费用。

另外，企业的非核心业务领域中闲置专利从单纯处分进一步发展为 NPE 的融资手段，作为企业的短期收益确保手段，成了积极专利出售的方式。IP 资产被认为具有担保性的资产时，在企业立场上可以作为融资的方法。银行评估 IP 资产的价值，将贷款金额确定为评估值以下的金额时，基本上可以进行担保金融。实际上也出现了结合 IP 交易以及 IP 担保的金融产品。

企业通过基于 IP 资产价值的质押贷款、证券化等金融手段，可以在金融市场上获得资金。而且，私募基金（PEF）等期待高回报的金融投资机构对 IP 进行投资的情况也不少。对于 IP 持有企业来说，IP 金融担保以及 IP 证券化是利用非流动性 IP 资产筹措外部资金的方式。两者都是融资的金融手段，但 IP 担保是以作为担保物的 IP 所含资产价值为基础，IP 证券化是基于 IP 资产已经产生或者预测可能的未来现金流为基础进行融资。从中可以看出，IP 证券化以成为基础资产 IP 创造现金流的许可项目为前提。实际上，IP 证券化是基于 IP 资产中产生的许可费的债券。

2. IP 货币化模式的成长

实际上，IP 本身成为投资对象的时间还不长，传统意义上 IP 对于企业来说是保护研发成果的手段，偶尔出现像 Royalty Pharma 等企业基于许可合同发行证券等在有限的范围内进行运营的案例。20 世纪 90 年代后期至 2008 年次贷抵押贷款引起的金融危机之前，创造"现金流"或者可预测未来"现金流"的 IP 作为标的资产进行 IP 证券化的案例逐渐增多。从金融结构中可看出，IP 证券化就是从 IP 持有企业被分离出来转移至 SPV，基于 IP 本身的现金流进行融资的方法，从前述 IP 资产化金融的形式中可以看出，这是 IP 金融进化的第一阶段。❺

但是，IP 作为资产成为独立的投资对象是与 NPE 的出现带动多种 IP 商业模式的运营有关。曾在无线通信领域享有绝对市场的 InterDigital 由于高通的出现失去了通信市场的霸主地位，但是它利用持有的通信标准专利在 IP 许可领域，收取了制造企业巨额的专利费用。InterDigital 除了具有直接参与通信技术标准化机构开发的专利之外，还积极购买市场中流通的专利，为了在诉讼中占据优势买入专利或者通过诉讼签订许可合约后利用其他专利提起另一个领域的诉讼等方式追求持续的专利许可收益。这已不是基于研究开发的专利管理公司，而是与当前的其他 PAE 类似的以 IP 商业模式为主要收益模式的运作方式，因此有些人提出了相反的看法。

Acacia 公司每年同时管理数百个诉讼案件，既是专利诉讼管理机构 NPE，也是在市场上通过积极的专利购买创造出稳定又持续的专利费用收益的公司，当前已经在美国纳斯达克上市，过去每季度都产生巨额的营业

❺ 将 IP 证券化看作 IP 金融的出发点非常合理，但实际上运用于筹集大规模资金的 IP 证券化手段，大部分都是专门保险公司对债券进行信用补强的形式。这表明债券的发行不仅依赖于 IP 创造的"现金流量"，还要依赖信用补强之后的债券的信用度。次贷金融危机后，大部分保险公司停止了该业务，因此 IP 证券化市场也大幅萎缩。

利益，成为很多专利管理公司争相学习的对象。

在制造行业，普遍认为专利流氓是恶意 NPE，不直接经营制造业只是通过所持专利威胁制造业企业，但在金融行业的立场上看，IP 逐渐成为新的投资对象，是一种货币化手段。尤其是全球金融危机后在华尔街消失了很多产生亏损的衍生产品，出现了具备可吸收风险结构的期权交易或者对冲基金。从整体投资以及交易层面来看，对于 IP 资产的投资规模虽呈现增加的趋势，但最近通过诉讼的许可项目的法律环境逐渐在变化，因此需要根据变化开发新的 IP 商业模式。

除了制造企业之外，Acacia、InterDigital、Vringo、Tessera 等公司的资产负债表中主要资产显示为 IP 资产或者在股票市场中有能力筹措投资资金的以 IP 为基础的商业化项目，这些企业正在增加 IP 的购买量。❻

如表 3-2 所示，将世界范围内投资 IP 商业的 IP 基金相关公司按不同性质分类。其中一些 IP 金融相关企业还持有"专利诉讼金融"模式，该模式由于诉讼结果无法预测而面临很高的风险。

表 3-2 IP 主要投资金融机构: IP 基金❼

专利诉讼金融	维持私募基金、IP 基金的同时创造专利攻击收益的公司（PAE）	IP 并购服务和 IP 资本分配代理机构	区域 IP 基金
Arca Capital Burford Calunius Committed Capital Fuibrook Harbour Hudson Bay Capital IMF/Bentham Northwater Capital iroquois Juridica Pragmaltus Vannin 1624 Capital	Alpha Funds Altitude Capital Coller Capital Fortress Inv Capital Partners NW Patent Funding Panoptis Unwired Planet Paradox Capital Rembrant Techquity	Barclays (RPX, ACTG, IDCC) Evercore (AOL, IDCC) Houlihan Lokey (PWAV) KPMG (Qimonda) Lazards (Nortel, Motorola, kodak) Pluritas 3LP Advisors	Intellectual Discovery Idea Bridge ID Cube Partners France Brevets Hamburg IP Fund IP Gest TRI/Talwan China SOEs (2013)

资料来源: Peter D Holden, The ever-changing IP monetization marketplace for PAEs, July/August 2013.

---

❻ Peter D Holden, The ever-changing IP monetization marketplace for PAEs, July/August 2013.
❼ 私募基金性质的资本中，大多数投资专利诉讼，但从分类来看，专利诉讼金融是以专利诉讼为主要投资对象的基金。

近年来值得关注的现象是，当前利用技术或风险资本、技术并购进行的传统私募基金的投资范围逐渐扩大，尤其是美国的投资 IP 资产的私募基金呈现增加趋势。其中，Altitude Capital 通过 Saxon、Digitude 等专利诉讼项目实现了投资资金 10 倍以上的收益率，成为华尔街金融机构争相学习的对象。此后 Rembrant、Fortress、Panoptis 以及 Unwired Planet 等与 IT、生物医药、通信行业的企业联合积极投资 IP 资产。而且，由贝尔实验室出身的技术专家创立的 Techiquity，也在专利购买市场中积极购买专利。

尤其是美国投资银行 Lazard 在清算过程中将相关的专利资产以 45 亿美元成功销售给苹果公司共同体的案例，另外 Evercore 银行的 Unwired Planet 投资也作为成功案例广为流传。纳斯达克上市公司 Unwired Planet 从以技术为主的微软企业最近逐渐向 IP 许可、诉讼专门公司转变，购买了爱立信世界一流水平的高品质通信标准专利。最近 Unwired Planet 从爱立信购买的通信标准专利以及应用专利的一部分以数亿美元的价格销售给中国的联想，与原出售者爱立信一同根据约定条件进行收益分成。联想在购买 Unwired Planet 的通信标准专利之前，从谷歌购入了摩托罗拉的手机业务。这是在成功购入 IBM 笔记本业务（Thinkpad）以及 x86 服务器业务后，再一次尝试在全球手机制造业引起轩然大波的攻击性战略。目前联想已经获得专利，因此通过专利攻击的方式牵制后发企业越来越困难。

多数的 NPE 通过与持有核心专利的大企业联合，在 IP 商业模式化中获得了成功，作为资金来源的大型银行多样化的金融手段推动了 IP 商业模式的进一步发展。Evercore 银行是美国纳斯达克上市公司，为专利运营公司的 Unwired Planet 提供资金来购买 IP 资产（主要是爱立信的通信标准专利）以及推进 IP 诉讼，并从中获得收益。这个案例中比较特别的是，一般情况下 NPE 的商业模式在保密的情况下进行，但由于 Unwired Planet 是上市公司，按规定需要详细记录运作过程的业务企划书以及相关合同需要在美国证券交易所的网站上公开。因此，该案例成为研究 IP 金融专家们比较好的范本和资料来源。

IP 金融的参与主体的演变对于 IP 作为资产成为交易对象以及激活交易都起到了相当大的作用。初期 IP 基金和企业通过不太严谨的合同形式参与其中，呈现通过 NPE 进行货币化的形式。此后作为替代投资出现了专业 IP 基金，将基金管理经验和 IP 货币化模式适当地结合在一起，提高了在

IP 收益模式中通过融资结构的变化分散管理风险的能力，逐渐进化到"IP 基金运用专业化"的方向。

如图 3 - 5 所示，当前管理 IP 基金的金融机构的作用不仅仅是，在专利出售者、购入者以及追求收益的 NPE 等主体间所签订的合同中规定债券以及债务关系，还包括通过利用"风险管理"等金融知识，在各个参与者中适当地分配风险，调节利益均衡的作用，把无法预测未来的专利侵权诉讼转化成 IP 商业模式。

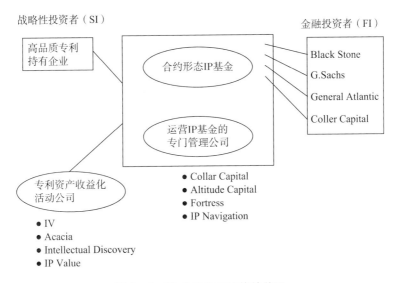

图 3 - 5　**IP 金融参与主体的关系**

作为其中的例子，专利价值评估如公开市场价格一样，无法从初期开始明确地确定，投资不透明 IP 资产可以说是高风险投资。因此，对于 IP 资产投资不太熟悉的金融机构要求了解 IP 资产特性的专利持有企业或者了解相关技术领域的欲购买专利企业，对于金融机构的部分或者全部投资金额做出保障，希望能够有一定的出售选择权或回购权利，从而能将本金损失最小化，实现各主体间风险的均衡。而且，战略性投资者和金融投资者之间以合约的形式在各投资者内部运营 IP 基金，分散风险，并确保 IP 或者金融领域的专业性以独立法人的形式运营 IP 管理公司。这种基金专门管理公司呈现以私募基金（PEF）的形式召集战略性投资者和金融投资者的趋势。

（二）IP货币化模式类型

高智、Acacia、Altitude等NPE在IP金融领域取得成功并在市场上获得认可以后，陆续出现了2000多个NPE。❸ 这些NPE同制造企业、大型基金结合在一起，呈现非常复杂的运营结构。这些NPE依靠制造企业投资的资本和专利，以制造企业的代理人形式进行NPE诉讼。面对这些攻击性NPE，有些机构组建了自己的专利组合，提前阻断对相关专利的潜在诉讼风险，并在NPE相关的诉讼中代替企业进行协商，为企业争取更多的利益，这种机构被称为防御性NPE，同样也在市场上备受关注。另外，还出现了同时投资多种多样的NPE，将风险最小化，确保稳定的现金流的大型基金机构。

当前大部分IP商业业务是投资IP创造收益并回收投资本金和收益的方式。IP金融在回收本金和收益的同时，创造出了现金流。

1. 专利许可和诉讼

专利持有人如果可以证明第三者的产品或服务侵犯了自身的一件或以上的专利权，就能要求对方支付许可使用费，这种情况就是专利权主张。换句话说就是通过诉讼以及和解来获取收益的形式。也是就技术商业化以及为已准备新产品的企业提供最新技术许可，以专利许可的方法解决。

侵权者没有答应专利许可要求或者协商碰到困难的时候，将会进行专利诉讼。最近经常出现通过诉讼期待法院确定专利侵权的赔偿额，然后通过专利协商寻找解决方案的现象。而产生原因主要因为如果不提起专利侵权诉讼的话，潜在的被许可人就会把提起专利侵权协商的案件往后拖延。企业一般都想要首先解决当前侵权诉讼中的案件，只提起协商的案件只能被推后再解决。而向许可目标企业单纯地提起专利索赔的协商要求，必然会排在专利诉讼之后再解决。如果不进行专利诉讼的话，在一定时期内同该企业专利部门的会议都无法安排。因此，哪怕为了排在会议约见名单上，专利诉讼也成了业务上必须进行的一项。

2. 防御性模式

面对逐渐增多的NPE诉讼，企业需要支付庞大的专利使用费，还要支付防御诉讼的律师费用，这些费用对企业来说都是负担，因此希望出现能

---

❸ http：//patentfreedom. com/subscriptions/stats/.

够一站式解决这些问题的机构。RPX 就是解决此类问题的机构。于 2008 年由高智出身的专家创立，其中会员企业包括韩国企业在内的 16 家公司。这是典型的盈利性专利防御模式，其目的是最大限度地降低由 NPE 引起的诉讼风险以及费用，同时帮助解决会员之间的纠纷。

RPX 招募会员公司，根据销售额确定会员的入会费和会员费，以此为主要收益来源。会员公司（2011 年为 49 家公司）和风险投资者的年会费是在 4 万美元至 520 万美元。截至 2011 年，RPX 持有美国公开专利 70 件，授权专利 774 件等，总共 844 件专利。❾ RPX 起初以美国、日本、韩国的制造企业为主要顾客，到如今已成长为世界性防御基金的模式。

3. IP 交易和 IP 竞拍

在 IP 交易中，必然产生对 IP 所有权的交易以及转移，尤其 IP 销售是短期内获得收益的重要手段。但是，出售者为了获得更好的销售价格，必须积极地为购买者介绍专利价值（技术领域、法律效力、市场前景等），并证明其价值。

在这样的专利交易过程中，出现了特别的情况，那就是专利权也像世界最大的美术品竞拍公司苏富比的美术品拍卖一样通过竞拍进行交易。专利权的竞拍过程与美术品非常相近，因此认为专利权已经成为可进行拍卖的对象。尤其是，在这样的竞拍过程中，面对很多竞拍参与者只有将一个组合或者一个 IP 作为竞拍对象来进行。特别在美国市场上，这样的 IP 拍卖引起了极大轰动，此前美国专利交易市场上只有 Ocean Tomo（www. oceantomo. com）进行传统的专利权中介服务。但是专利权交易过程中对每件专利都需要进行价值评估，然而这种以打包方式进行交易的方法在实际交易中仍存在很多质疑。实际上，2000 年以后，IP 竞拍第一次出现的时候成功地完成了几件交易，受到了行业的关注。然而，此后再也没有其他的成绩，同时注重交易的实质，即质量比数量重要成为 IP 交易特性，使得专利竞拍无法在交易市场上继续发展，处于即将淘汰的境地。从这些现象可以看出，专利权是需要投资回报率的交易对象，因此不太适合通过竞拍进行交易。专利权交易需要对交易对象进行详细的分析和确认，通过尽职调查过程协商价格，仔细认真探讨签约条件等一系列过程，IP 竞拍无法充分反映这一系列

---

❾　손수정 외(2011), 전게서, 190면.

过程，因此操作过程存在一定限制。

4. 私掠船（佣兵）

近年来，市场上出现了许多持有 IP 的制造企业有意向 PAE 转移专利的案例，这就证明私掠船模式持续在发挥效力。2012 年 4 月，Vringo 从诺基亚获得了 500 件专利；2013 年初，Unwired Planet 获得了爱立信的 2400 件专利。另外，2013 年 3 月，Pendrell 获得了诺基亚的 125 件存储专利。这些制造企业的专利转移与此前破产企业中获得专利的性质有所不同。上述的案例可以看作是制造企业为了将持有 IP 转化为资产积极运用 NPE。通过制造企业将持有专利以货币化为目的进行转移，可以建立 PAE 与制造企业的联系，扩展当前的 IP 商业模式。持有 IP 的制造企业既不用直接实施 IP 也可以创造收益，同时还可以获得 IP 资产的多样化收益，从而获取资产负债表以外管理形式及战略性地管理 IP 资产手段。❿

Pendrell 是进行 IP 货币化运营的一家企业，除了飞利浦的标准专利池授权专利之外，还购买了其他所有相关专利进行货币化运营，是飞利浦专利部门的专家筹划并与专利律师一起开展业务而创立的。此后购买了诺基亚的专利，预计未来在通信领域也会积极推进专利货币化模式。Vringo 也引进了 IP 基金，与诺基亚的专利部门保持紧密的合作，推进专利货币化的专利管理公司，未来会有更多业务活动。Unwired Planet 是曾经叫作 Openwave 的风险技术企业，持有原始 IP，此后转变为 IP 货币化专门企业，购买了多项爱立信的待售专利，是积极参与 NPE 业务的一家企业。又如图 3 - 6 所示，Acacia 在 2012 年购买了持有应用于 LTE 通信标准的 OFDMA 原始技术的 Adaptix 的相关专利，正推进货币化运营。

最近，Vringo 在印度以及巴西市场上，针对中国的小米和中兴成功获得了专利侵权处分判决。小米一直以来迟迟未进入美国市场，反而在专利防御系统相对较弱的印度和巴西市场上占据了较大份额，获得了高额的收益。但是受到持有 Nokia 通信标准专利的 Vringo 的专利攻击之后，首先缴纳了一定的保证金，同时在法院提起专利诉讼当作暂时的防御手段。

---

❿ Peter D Holden, The ever - changing IP monetization marketplace for PAEs, July/August 2013.

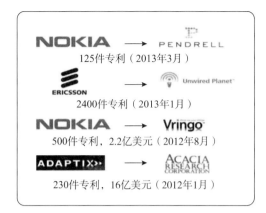

图 3 - 6　主要私掠船以及 NPE 专利交易

资料来源：Peter D Holden，The ever - changing IPmonetization marketplace for PAEs，July/August 2013.

方框 1——专利货币化相关的美国专利侵权诉讼热点

在金融行业会有很多人提问，"为什么 NPE 商业模式中，大部分主张提起侵权诉讼？""比起风险性较高的诉讼，通过许可协商实现货币化是否更好？"

金融行业对于专利侵权诉讼的内容非常感兴趣，除此之外还好奇除了诉讼之外还有没有其他方案。那么，以美国专利侵权诉讼为中心，观察一下金融投资者需要关注的步骤。尤其是，美国 90% 以上专利侵权诉讼，在马克曼规则（Markman Ruling：解释专利权利要求范围的规则和程序，称为 Claim Construction 或 Markman Ruling）步骤的前后，结果多为诉讼双方达成和解或者向美国联邦巡回上诉法院（CAFC）抗诉。

全球金融危机之后，预计投资 IP 资金的收益压力更加艰巨。回收投资资金的最有效的办法就是针对潜在的被许可企业向专利法监管方案最严格的美国法院提起侵权诉讼。只要是 IP 行业的专家，都应该了解这个道理，也是当前多数专利权人在许可、货币化项目中推进的方法。

那么主张专利权的过程中，专利侵权诉讼是不可避免的吗？还是可以避开费用高昂的诉讼，通过协商来解决？对于这一点有必要重新考虑一下，是不是以最快最有效的方法回收投资 IP 资产的投资资金的方案只有"诉讼"？

当然，如果能避开时间和费用投入较多的诉讼，可以说是最好的主张专利权的方法。但是，当前在 IP 行业中主张专利权的时候，如果像过去一样"贵方侵犯了我的专利，因此需要交专利使用费用。另外，我方希望通过协商确定交多少"，用这种方式进行交涉的话，虽然简单但在实际中并不可行。当前索赔专利使用费的案件逐渐增多，比如 IT 行业的大企业每年能收到数十件或数百件索赔要求。如果以协商方式解决需要好几年的时间，其间一旦出现负责人变更、侵权商品在市场上下架，或者进行回避设计等情况下，案件本身几乎都会被遗忘。

因此，专利权人只能向潜在的被许可人亮出"诉讼"这把"利剑"。如果不进行"诉讼"，连索赔企业名单也排不上去，所以没有诉讼的索赔是无期限等待并很难取得进展，被排斥在优先顺序之外。虽然用"诉讼"来表示，但结果大多以"非侵权"或"无效"结束，站在被许可人的立场上来看，即使被提起"诉讼"也不会着急交出许可费用，而是先要分析和确认该专利"是否是能维持有效性的专利"。

在 IP 行业，专利侵权诉讼更像是每个企业都需要经过的一个步骤，在这个过程中"权利确认"的意义更大一些。更多的被许可人，首先在确认权利后，需要确认侵权产品是否真正侵权，而且还要确认此项权利是否是真正有效、完整的权利，最终确认是否需要支付专利费用。

三星、苹果等世界上很多大型 IT 企业之间的专利诉讼中，被指定为侵权者的企业不会因为是诉讼专利而草草地承认侵权而支付专利费用。大多采取首先确认专利效力和权利范围。即专利诉讼是通过"诉讼"步骤来确认专利权的存在与否。经过这些步骤确定是否和解还是最终支付"专利费用"。在这个目的上，专利诉讼是专利权的权利确认过程中非常普遍的一个环节。

相对来说，过去 30 年里韩国国内没有发生过重大的专利侵权诉讼。赔偿额最大的应该是 LG 生活健康业务部门的"尿不湿"事件。此后，最近的苹果和三星的智能手机相关的诉讼，成了韩国国内所有 IP 专家，以及政策制定方和普通民众重新认识 IP 重要性的契机。所谓获得专利权是在专利法上获得独占性且排他性的权利，但国家并不能强制为专利权人创造收益。即专利权人没有找到侵权人，不能主张专利权利，专利权人无法获得专利权带来的专利费用收益。而且即使通过审查授权的专利权在当年也不能完全保证专利的有效性。因此，在侵权诉讼中被告方的立场上来看，原告主张的侵权专利权是否是正当权利，是否真正侵害了原告的权利，因此至少要反驳和主张无效，这种步骤可以在当事人双方在法院之外达成和解，如果和解不成双方当事人通过法院的诉讼来解决。

但是，从成本角度看最有效、最简便的权利主张是从最初开始将所有的判断交给法院来处理。即专利权人找出侵权人、主张专利权、被侵权的产品如何被侵权等所有侵权凭证以及一系列"权利主张"过程通过专利侵权诉讼步骤来完成，诉讼所需的所有资料通过专利诉讼律师来进行是最有效的方法。这种诉讼与普通的民事和刑事诉讼中，案件无法达成和解，才会采取的解决方法的诉讼在性质上有所差异。

专利权是"专利说明书"中被称为"权利要求"的行业用语，即权利要求项中如何用技术用语把"高难度的技术思想"表现出来，而且审判员如何解释这些技术用语，理解技术思想所包含的权利范围，有侵权嫌疑的产品是否包含在技术思想的范围内，判断上述内容就是判断"有效"权利的过程。而且，根据不同的专利专家、专利代理人、律师的解释和判断，某些专利侵权案件可能被判为"侵权"，也可能被判为"非侵权"。

例如，柯达利用视频数据处理相关的专利和数字成像技术相关专利创造了数亿日元的专利费用收益，2013 年上半年以数亿美元的价格将所有专利权销售给苹果和高智等参与的共同体。具有这么庞大的资产价值的专利权虽然在针对三星、LG、苹果的 ITC 诉讼中，核心专利数字成像处理预检器技术相关专利被预判为"无效"，但是在三个月以后的最终判决延期一次之后还是被销售给由苹果和高智等公司组成的共同体，可见专利权的权利性还具有不稳定的一面。尤其对于投资现金的金融机构来说，对于投资资金的回收具有更多的风险，是不稳定的投资对象。因此，专利权是通过积极行使不稳定的权利，创造现金流的过程。

作为积极的权利行使，基于专利法和民事诉讼法的专利侵权诉讼与一般的民事诉讼不同，通过对侵权事实的认定，虽然专利权的效用存在但证明侵权事实的事实问题的最终判决，在韩国国内由司法系统中的审判长来做决定，在美国由陪审员决定。这时，审判员也会进行法律问题判定，其中，解释权利要求的保护范围是最重要的步骤。在美国，应用马克曼规则对权利要求的保护范围进行解释，并确定属于什么权利。从这方面来讲也可以称为请求项权利解释。

在美国专利诉讼中，对于权利要求的解释是判断专利权的侵权与否以及无效与否过程中非常重要的步骤，专利权人通过这个步骤，在更广的层面上对专利权的权利要求进行论述，在被告的立场上来看，通过这个步骤可以将自己的非侵权抗辩或无效化抗辩更有效地在可主张的范围内引出权利要求的解释。

在投资者的立场上，作为投资对象的专利权处于专利诉讼前，还是处于应用马克曼规则对其进行解释之后，结果会差别很大？对于这些问题非常有必要咨询专利专家后再进行判断。用房地产来比喻的话，虽然不太确切，就像拿到鉴定评价法人的评估金额作参考的情况非常类似。

实际上，美国专利侵权诉讼中多数的诉讼在应用马克曼规则对权利要求进行解释之后，就会分为到底走向"和解"模式还是"诉讼持续"模式。即可看作是确定了持有权利的强弱。

尤其是，NPE 推进的专利货币化项目中选定第一个和解目标的时候，以马克曼程序为分水岭确定和解目标的情况较多。财务性投资者希望"尽快回收本金"，因此需要把和解目标确定在行业内比较适当的金额上。

偶尔会有将诉讼进行到底，获得高额赔偿额为目的的 NPE 商业模式，但从当前美国诉讼的趋势来看，这是风险性非常高的商业模式。在政策方面制止 NPE 无差别的专利侵权诉讼的法案已经提到了国会，而在地方法院审判员以及 ITC 审判员中对 NPE 专利诉讼也出现了倾向被告的趋势⓫，因此实际操作中为了尽早回收投资资金，以马克曼程序为基点确定专利权的目标在风险管理层面上非常有必要。

⓫ 判决本身已被"固有名词化"。

如上所述，仔细观察专利诉讼的意义和在诉讼过程中最重要的环节，马克曼规则具有的意义，那么在所有 IP 货币化商业模式中只有专利诉讼才是回收投资资金的唯一方法吗？其实也不然，本书介绍的商业模式很多，有通过对专利权提起权利主张获得收益的模式，还有通过专利权交易、专利权的购买和出售获得收益，通过企业清算进行专利权的处分以及收购合并，对基于专利权的企业投资，通过专利权的竞拍进行交易，提起专利诉讼但以和解为目标的商业模式等存在多种战略。但是这些商业模式中，必须对"专利诉讼"具有深刻的理解才能最终通过对专利权的价值评估，完成"投资规模"或"投资战略"以及"出口战略"。

二、IP 货币化模式的 IP 尽职调查重要性

在某种层面上，投资 IP 与投资高科技的风险有一脉相承之处。可以分为两个部分来考虑，就是投资新技术形成新的专利权，还是投资持有专利权的风险企业，使风险企业利用专利技术进行制造、销售、营销活动，最终获得收益。

所谓 IP 投资就是直接投资 IP 资产，通常来说投资首先需要明确投资对象，只有 IP 资产成为具有投资价值的对象时，才能真正完成投资。因此，首先有必要确认投资对象的品质。IP 投资中确认品质的方法和步骤就是尽职调查，要更加确保尽职调查的专业性。相应地，尽职调查在专利交易过程中，必须全面地分析和评估专利的稳定性以及专利本身的权利性和可侵权主张的程度等，才能在日后的投资中避免有可能出现的麻烦。而且，对专利权的无效性需要进行彻底的分析和评估，形成书面评估，同时还要对投资者以及接受投资的主体在保障范围内有明确的约定，才能减少可能的纠纷。

评估专利权的最大标准之一是专利权的侵权主张可能性。能否获得专利费用收益在于该专利的侵权主张可能性。根据专利主张可能性的范围有多大，对于什么样的侵权产品可提起主张等可以确定专利权的投资魅力程度。

风险投资和 IP 投资具有共同的特性，通常是"高风险高收益，低风险

低回报"。专利权利具有不稳定性，即专利权主张成功时，专利权可以创造巨大收益；但是失败的时候，容易陷入专利权的无效、诉讼长期化带来的费用增加负担等困局，或是判决中被判定为非侵权等使投资者或专利权人两难的局面。

IP 货币化如同在海底钻井开发油田，虽然有很多具有潜力的油井，但大部分都是干枯的窟窿。进行 IP 货币化的时候，这样的情况非常之多，只有少数的专利才具有挖掘的价值。因此 IP 战略专家或理事会成员必须理解可以对有价值的专利资产进行商议并可以指导 IP 货币化战略的尽职调查过程。❷ 有效的尽职调查可以在公司内部较快地检验保护重要技术的专利开发和申请战略是否有效地实行。

这样的尽职调查热点在最近柯达销售专利组合的拍卖案例中也充分体现出来。一篇以"被清算审判员摈弃的柯达专利"为标题的新闻报道震惊了华尔街，当初"柯达专利的价值约为 26 亿美元"。但是覆盖柯达专利组合中最核心的专利数码相机预览功能的 218 件专利在日后针对苹果在美国 ITC 诉讼中预判定为"无效"，结果价值 20 多亿美元的专利组合最终以 5.25 亿美元的价格出售给了苹果共同体。柯达专利价值的急速减少给公司的结构调整带来了巨大的障碍，这显示了过分乐观的预期收益化有多么危险。

（一）IP 尽职调查的实务

计划投资专利权获取收益的时候，对专利权进行全面的分析是专利专家需要做的最基本的业务。尤其是判断专利价值的时候，详细的分析和确认权利要求是判断专利价值的最核心的部分。这部分价值越高评估额越高，反之价值越低专利价值评估金额就会下降。在实际操作中评估专利权价值的时候，必须对侵权性、无效性、权利性进行全面的分析和评估。通过这种分析和评估确定的 IP 货币化战略会具有更强的货币化基础。

1. 侵权行为（使用可能性）分析

所谓侵权性是根据判例法条款理解该专利的权利要求范围，全面分析侵权产品的背景，分析相互吻合与否。这时，技术专家意见往往与专利专

---

❷ Bruce Rubinger, Global Prior Art, Inc Using effective IP due diligence to guide an IP Monetisation strategy, IAM Magazine.

家相左，技术专家主要以该发明的实施为主，判断技术内容与产品的内容是否吻合。相反，专利专家更倾向于从发明的技术性等整体观点上，通过技术权利要求中的每个词汇的解释，理解权利范围后确认该产品的动作以及产品背景是否属于该权利范围内。

越是复杂的技术，专利专家越需要技术专家的配合，但对侵权性的最终鉴定和评估最好还是由专利专家确定结果，此处专利专家具有的专利申请和专利诉讼的实务经验越多，其评估意见可信度越高。

分析侵权性时，通常制作权利要求表格或侵权凭证资料，在专利交易的情况下，卖方为了推广需要出售的专利或者迎合买入者要求，通常由卖方制作，买方再进行确认。买方分析权利要求表格的时候，必须注意的是，需要除去卖方制作的为了让该专利看起来更好一些而增加的粉饰效果。

因此，不仅要掌握该专利的说明书，还要对中间文件中审查员的拒绝理由、申请人提出的答辩书等相关文件的禁止反悔声明的专利申请记录，确认是否违反权利要求表格中主张的侵权凭证。分析这些文件的专利专家应该在专利侵权主张和反驳协商以及诉讼中判断权利要求范围，尤其是权利要求解释（Claim Construction 或者马克曼规则）环节上具有实务经验。

在同一个技术领域中包含多种强有力专利的组合，对一个产品多数专利造成侵权的能获得较高赔偿。即多数专利中，其中一件或两件专利被判为非侵权，依然还有多个专利权可以主张侵权，在专利投资观点上看是比较安全的投资对象。

投资者需要注意的是，"侵权性"是专利权人或者专利专家分析的结果，不是确定的事实。也就是对于侵权性的意见根据分析该专利的专家不同，结论有可能相差很多。申请法院进行判断时，根据审判员或陪审团的最终侵权判断有可能变成"非侵权"。实际上，很多专利侵权诉讼中专利权人主张的侵权主张在最终法院判决阶段还会判定"非侵权"。在专利权人立场上，更愿意从主观上进行分析，认为自身持有的专利非常具有实力，因此要改变这种观点是非常不容易的。

投资者对专利价值评估中侵权性的判断，不是在法律上保障的具有确定性的权利，从事专利投资之前首先需要理解这一点。

2. 无效性分析

只有 1~2 件专利的情况下，即使侵权性再明确，例如，如前所述的柯达预览功能相关的 218 件专利的案例中，虽然有很多基础性专利，但最终 ITC 诉讼中被"预判定"为"无效"，导致在公司清算和销售专利权的时候，其价值缩减至当初预计价格的 25%。

美国 IT 企业中具有代表性的技术企业柯达的代表性专利也可以被无效，那么 IP 市场中无数的专利更不敢保障其有效性。美国代表先进技术的检索企业 Global Prior Art, Inc. 的 CEO Bruce Rubinger 曾表示"在美国 US-PTO 授权的全部专利中可以通过先进技术检索专家的无效化测试的专利权不足 10%，这是我过去 30 年工作中得出的结论。"

但是这句话也不用完全相信，因为专利权的无效主张被认可必须要经过专利无效审判，有时还要到最高法院进行判决。专利权经过一系列的审判和诉讼过程在法院有可能被判无效，也有可能下达有效判决，专利侵权诉讼对原告和被告双方都是存在无法确认的风险，因此在诉讼过程中和解的情况非常多。

从这个观点来看，投资者认为 IP 专家对任何专利有效性评估都不能完全相信。即使主张再强专利权的专利也不能确保 100% 有效性，因此是非常不稳定的投资。

金融专家表示投资专利权其实是"用不稳定的初级观点进行的不稳定投资"，也就是"不想去理解的投资对象"。

那么，有必要了解一下美国投资者眼中到底认为什么样的"专利权"值得投资。不稳定的专利权有 1 件或 2 件的时候看起来非常不稳定，但是不稳定的专利权聚集 10 件或 20 件以上的时候，其不稳定性降低到一定程度，有可能变成稳定的投资权利。也就是只有 1~2 件的专利权在当前的专利诉讼中因为不确定的无效性导致较高的败诉率，对于投资者来说非常危险，但是理论上将 10 件专利分为 5 组，每组 2 件，假设进行 5 次专利诉讼，有足够的时间来提高胜诉率和和解的概率。

而且，对 USPTO 授权的所有专利权（没有经过精确分析分类的核心专利）进行无效性判定的话，其中只有 10% 左右才能胜诉，这说明专利池中包括了很多水平较低的专利，这只是假设性判断而已。IP 货币化的投资对象，也就是专家认为的投资对象，经过一定过滤之后的专利中，能够被"无效化"的概率预计也就是 10%~20%。如果包括全部上述 10% 以内可以胜诉的专利权的话，能胜诉的概率还是非常高。

　　讨论无效性的时候，专利专家认为"权利要求的保护范围越大，其被无效的可能性越高，反之，保护范围越小，被无效的可能性越低；另一方面，权利要求保护范围越大，越容易证明侵权成立；反之，保护范围越小，越难证明侵权成立。这就是"无效性"和"侵权性"之间的相互关系。

　　那么，什么样的专利权才可以产生收益？对于这个问题的理解非常重要。具有保护范围较小的权利要求，同时侵权产品又做不到回避设计，侵权性非常明确的情况下，通常在无效性方面也不会有问题，是最完美的权利要求。因此，根据专利权的权利要求范围所具有的的特征，有些专利变成"无价值"专利，相反也有变成"赚取数亿美元"的专利。

　　撰写权利要求需要由实务经验丰富的专利专家（包括律师、代理人等在该技术领域具有专利说明书的无效性、侵权性经验的专家）和发明人之间协商进行。撰写较好的专利说明书和权利要求对专利资产的价值起到非常重要的作用。包含专利权利的最重要权利要求和专利说明书的撰写是塑造具有高投资价值专利资产的根本。

　　如果是 IP 金融专家，需要理解上述专利说明书具有的侵权性和无效性的相互关系，在决定对专利投资时，需要正确理解其价值评估的内容。

　　3. 限制条件分析

　　专利权获得专利局的授权证明之后，没有向其他企业许可的情况下进入专利交易市场，并且销售企业无任何银行担保设定，财务上无任何异常，那么这个专利权就处于没有任何限制条件的状态。

　　在这种情况下，从销售企业购买专利权的时候只要注意回授许可，也就是专利权人赋予的"自行实施权"，因为没有其他许可的非常明晰的权利。从房地产来说，确认没有任何担保、质权、银行抵押等非常干净的不动产证书之后，可以进行购买或租赁，因此可以确保安全性。

　　但是，在专利交易市场，这种简单的履历表明该专利交易诱惑力不足。如果是有价值的专利，不至于还没有许可的经历。而且，持有专利的企业技术能力越高越有可能是大企业，如果是大企业的话，其技术能力和市场能力已经得到认可，过去合作的企业包括该专利权的交叉许可或专利开发过程中的合作等，很有可能具有提前获得许可等各种复杂的业务关系以及共同开发技术的条件等。如果这些条件包含了该专利权，那么这个专利权就是一种处于具有限制条件的状态。潜在购买者需要在签订买卖合同之前或者商议购买价格之前仔细确认并反映到最终的价值评估中。

针对该专利提起侵权主张而获得的专利费用中需要减去当前的限制条件部分,因此评估该专利价值的时候直接会反映到价值评估金额中。由于直接影响价值评估额,因此对于专利交易来说,限制条件有可能成为"保障",也有可能"保障"发生纠纷时成为赔偿的对象,因此限制条件成为购买者和出售者主要协商的问题。

对于出售者来说限制条件是保密信息,不是在专利交易的初始阶段而是购买者表现出购买的诚意时才需要公开的高级信息。而且公开限制条件信息之前已商定价格,那么公开限制条件之后势必会下调价格。因此,也有些人认为买卖价格应该最好在限制条件公开之后协商。但是,公开之前对专利交易的规模谈好之后,才会启动交易,并在交易结束之前确定最终价格的过程中限制条件到底能起到多大作用是根据每个交易的性质决定的。是否可以影响对交易对方的协商能力?根据协商是否带有杠杆等,可以视情况而定是否公开。

4. 了解买方的利用程度

专利权不是保障绝对价值的资产。有些专利资产给特定的人带来利益,但其他专利资产也有可能不会给该特定的人带来利益。也就是要了解当事人对专利资产的利用程度。反之亦然,即使是同样的专利资产,可以为这个投资者带来利益,也会对其他投资者带来亏损,是具有风险性的资产,因此仅凭外部的价值评估不能满足投资人的需要。对于购买者来说利用程度根据其公司产品的适用可能性、竞争对手使用的可能性、专利技术在市场上的占有率、未来市场前景等都有所不同。

三、IP 货币化模式的市场性和失败因素分析

利用 IP 资产创造现金流的核心模式就是 IP 货币化,NPE 和持有高质量专利的企业利用 IP 商业模式成功实现从个别专利许可阶段到企业公开IPO。但是,也有无数尝试 IP 货币化的 NPE 由于经验不足,在实务阶段碰到障碍。例如,筹措货币化项目诉讼所需的资金情况,为了收集侵权凭证资料进行逆向工程时,所需费用超过预期等各种难题。其中,最严重的问题是投入相当大的货币化项目在运营过程中,缺乏有经验的专家,无法准确了解项目所需费用、复杂性以及不确定性,而且不能有效推进许可进

程，只是将非周期性发生的收益机会，即与被许可人之前的协商（对许可签约条件的协商）当作收益来源（见表 3 - 3）。

表 3 - 3　货币化项目失败的理由❸

失败形式/风险	对应方案
运营团队经验不足（投资经验不足）	IP 许可、IP 交易交割、配备具有 IP 金融专业能力的人员； 具备 10 年以上 IP 货币化经验的人员； 该团队有能力管理专利组合，并进行复杂的交易
后续投入资本不足	当初对于货币化项目所需的费用预估较少，预算不足时需要出售专利； 需要为整体寿命周期提供充足的基金
小规模单一许可项目带来的风险	诉讼中专利无效化的比率较高，讨论许可的次数较多，没有具备保住初期胜利的后续力量； 诉讼中使用的专利数量可能有限，但诉讼中辅助该专利的其他专利和追加专利在许可协商中越来越重要； 最近被告的 IPR❹对应逐渐增加，发生较多无效、费用追加热点，需要准备对应方法
必须保全的固执心理	并行有可能持续的许可项目一定要拖到诉讼的固执，更为实用的解决方法以及早期和解
较高的运营费用和实施运作滞后	IP 实施是复杂的活动，需要技术、法律、金融、投资以及商业投入。很多基金因为没有具备有效评价机会的经验、机制、工具，导致费用超支，时间滞后

资料来源：The ever - changing IP monetisation marketplace for PAEs. IAM. July/August 2013.

IP 在货币化的过程中也会遇到一些问题，从 IP 产生到利用其获取高额利润，这中间可能需要数年时间，同时也需要律师的努力。在利用 IP 进行诉讼时，如果资金不到位，那么协商对象就会在谈判中占据有利地位。❺

四、IP 投资者的范围：概念和特征

（一）概念

所有 IP 投资者的目的和动机是不尽相同的，而且不会采取相同的战略

---

❸　Peter D Holden. The ever - changing IP monetization marketplace for PAEs，July/August 2013.

❹　USPTO 修改专利法之后引入了复审制度。

❺　Peter D Holden. The ever - changing IP monetization marketplace for PAEs，July/August 2013.

和期待相同的收益，但是 IP 投资者共同点之一就是它们都期待自己的投资获得收益。20 世纪 90 年代中期，还没有出现为这些 IP 投资者的权利行使提供基金的情况，但如今出现了很多支援 IP 投资者的机构。

首先，作为战略性投资者（SI）的制造企业，它们在生产并销售产品的过程中，希望减少来自专利诉讼的威胁，同时也希望利用花费巨额的投资所形成的 IP 获取收益。❶ 必要时，竞争对手侵权自身专利时，也会积极地提起专利诉讼。许可费用只是战略性 IP 投资者的 IP 收益中的一部分。

但是，制造和销售产品并在市场上获得成功的过程中，没有办法对专利的作用进行定量化计算。这些专利在企业内部没有评估的必要性或者可评估的方法，因此很多情况下战略性专利的价值无法得到正确的评估。但是，在企业并购时，需要评估专利的市场价值。在销售、减少成本、整体目标的支援等过程中个别专利到底起多少作用，还需要更多探讨。CEO 们在商学院接受了商品、人力、不动产等有形资产相关的管理方法的培训，而且自身的企业财务报表中也反映了这些有形资产，股东们也会对此比较关注。但是，目前为止，CEO 对 IP 等无形资产的管理不太熟悉，也不会认为 IP 是公司资产。在美国，微软的 Marshall Phelps、惠普的 Joe Beyers 等大企业的专利专家在各自公司的内部起到知识产权总负责人（Chief IP Officer，CIPO）的作用，经常出现在 IP 市场，同时增加与公司理事会的接触，在公司内部作为战略性 IP 投资者确立了地位。通过这些活动，IP 战略直接反映到公司的经营活动中，专利不再是抽屉里的文件，而是决定企业收益性的资产，反映在财务报表中。❷

其次，金融投资者（FI）购买并出售专利的理由是，要获得专利使用费收益以及专利侵权诉讼中和解收益以及赔偿收益。私募基金、财团、养老基金、对冲基金等都是金融投资者。金融投资者也存在间接 IP 投资者，同 IP 商业一起急速增长。它们不会直接参与诉讼，但与 IP 投资者保持紧密的合作关系。虽然他们投资 IP 商业但不会购买专利，而是以股份的方式投资 IP 企业，例如私募基金。这类投资者还包括像在半导体这种资本集约型领域没有资本进行生产的企业、大学、研究机构、医院等。另外还有，❸ 律所、专

---

❶ Bruce Berman, From Assets to Profits, Competing for IP Value & Rerurn, 2008.

❷ Bruce Berman, From Assets to Profits, Competing for IP Value & Return, 2008.

❸ 承诺未来按一定比例进行收益分成，以此为条件延后支付律师费用的业务模式。

利交易等以未来取得的收益为代价提供尽职调查的 IP 服务专门企业。❶

（二）特征

作为战略性投资者（SI）的企业其专利投资战略相对来说比较简单，主要以企业的商业保护为目的，对专利投资的收益创造只是额外目的。

金融投资者（FI）的专利投资战略与企业投资者不同，仅针对有投资价值的专利权，目的就是挑选可以创造收益的专利权进行投资。因此，持有金融投资者投资的 IP 资产，并进行货币化运营的 NPE，相对来说成功率会高一些。金融投资者投资专利时为了确保稳定的收益，可以运用多种金融手段。这是因为专利资产的不稳定特性，使得在专利诉讼中被判定专利无效或非侵权判定，存在导致投资失败的风险。就像房地产或者船舶等投资物都具有自身独特的性质，房地产根据房价的变动或权利的部分变动整体价值有所波动，但通常不会出现整体资产全部亏损的情况。然而，专利资产因无效可能性等权利的不稳定性，存在全盘皆输的风险，为了对冲这种风险，金融专家有必要积极参与 IP 商业模式的制定。

例如，为降低风险，金融投资者在接到专利投资者或专利运营者的提案时，一般会要求对投资的全部或部分进行担保。也就是专利权的价值评估过程中，专利专家的评估中无法担保 100% 的项目就是"无效性"。这是金融专家也无法担保的专业领域，对于这部分要求"保障"与风险投资企业要求企业对冲风险的担保贷款的类型有点相似。对于这种"保障"的要求，用"专利评估专业性"来克服并进行协商解决的专利运营者才能得到专利基金的投资。最近出现的结合金融投资者和 NPE 专利运营者共同形成的 IP 基金运营专门公司就是为了满足这种需求而建立的。在这个金融投资集团中活跃的企业有 Goldman Sachs、Evercore、General Atlantic、Coller Capital、Blackstone PEF、Benchmark、Fortress 等。

NPE 作为在这些 IP 商业模式中利用专利资产创造收益的运营者，其作用根据投资 IP 资产的战略型投资者存在与否，在收益战略上存在很大差异。也就是存在战略型投资者情况下，该企业根据业务上的得与失在各项收益活动中存在制约事项。例如对基于 FRAND 原则，主张通信标准专利的专利权进行投资的情况下，投资者脱离了该专利货币化的目标企业，或

---

❶ Bruce Berman, op, cit.

者已经取得该专利许可的话，目标企业会强烈要求公开上述许可条件。单看收益性，由金融投资者构成的投资者集团投资的 IP 资产创造收益的项目更为简便。

战略性目的的 IP 资产价值[20]

专利要成为资产，不管从战略性还是其他方面都需要满足很多条件。持有 10 万件专利的高科技企业，其中只有 5% 或者 2% 左右的专利才具有价值。专利中约 45% 应用于交叉许可或反诉的协商手段，其余 50% 左右或更多的部分不具有价值，最终会走向权利失效。3 件专利中 2 件因为没有缴纳专利年费而权利失效，这不是因为权利人没有资金缴纳专利年费或忘记缴纳，而是没有理由维持此项专利权利。

IP 投资的收益巨大，但无法精确测算。所有投资者都是从以实现的收益、间接价值创造，或者 IP 收益（ROIP）层面上追求成功。IP 投资者实现收益的方式由特定产业领域、商业模式、时间、风险容忍度、资本市场的接触能力来决定。从定义上来看，NPE 属于 IP 投资者，但它们不属于没有原则的猎食者，而且它们不一定与实施企业以及实施企业股份所有者的利益关系相冲。

许可对处于 IP 以及商务生命周期中特定阶段、特定企业才具有意义。许可只是测算 IP 管理手段和企业受益的一种，对于战略性投资者来说，具有挑战性的课题是，寻找不创造许可现金或不参与诉讼，又可以将巨大的研发投资货币化的方法。

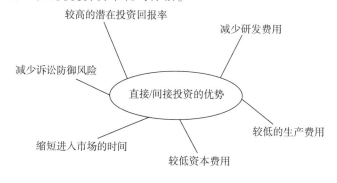

各种专利持有者的投资动机和目标

---

[20] Bruce Berman, From Assets to Profits, Competing for IP Value & Return, 2008.

IP 货币化并不是字面意义上将专利价值转化为货币化。著作权和商标权没有无效化风险，可以直接实现使用费的现金流。但有必要在更广的层面上观察以专利权为中心创造收益的方法。所谓专利货币化成功就是将资产转变为实际成果，最终变成收益。实际成果并不是收取使用费创造现金流。实际成果可能是竞争中占据优势、作为先行者的利益、成为标准专利的可能性或其他明显的特征等。收取较高的收益看起来很具有吸引力，但对于持有专利的企业来说，专利使用费并不是全部。在较长期限内，能否使得产品获得更高收益比通过许可产生的现金流更为重要。

战略性专利的投资回报率

产品销售 产品实施自由 批量生产 市场占有率 收益率	许可 减少研发费用 缩短进入市场期限 使用费收入	主导行业标准 更快的市场对应 减少竞争对手 增加外部融资 更具效率的研发	影响力 声誉 市场价值 交易 竞争优势
购买—销售 固有专利收益化 较低诉讼风险 较低研发费用 规避竞争对手/NPE	并购活动 设立子公司 衍生公司 买入 IP 资产 专利销售	形成资本 引导投资 较低资本费用	改善关系 顾客 供给者 股东 华尔街

IP 管理者以及经营团队需要理解专利在销售、利润、公司业绩中起到的作用，才能从创造使用费收益的压力中解放出来。专利许可确实非常具有吸引力，但是常常伴随高额费用的痛苦的诉讼过程。IP 许可只是企业管理 IP 的手段之一。整体的企业活动引领企业占据市场占有率并维持过程中，包含了对专利作用的决定、产品利润、销售量、与顾客的关系、并购活动、股东或市场价值、声誉、资本形成等多种变化。

第 **4** 章
IP 基金的模式和运用实践

一、IP 基金的理解

（一）IP 基金的概要

在 IP 投资中，为了降低存在的各种风险，采取结构化金融运营基金。在基础资产上利用信托、衍生商品等金融手段的结构化金融，是可以促进现金流流动性，转移风险的金融手段。❶ 这种结构化金融非常适合于既不容易实现证券化又很难树立退出战略的 IP 资产投资。在结构化金融中，比起个别资产的价值其更注重结构化主体产生的现金流，促使形成现金流达成投资目的。投资者认为，多种主体参与投资可以降低破产风险、法律风险等影响稳定现金流的结构性因素。资产持有者认为，通过账外资产交易可以改善负债比率，通过证券化可以改善资产持有者的流动性。❷

特殊目的机构（SPV）通过转让债权或股份或通过资产运营公司获得资本，同时从资产持有者转让得到 IP 等资产，通过许可或诉讼创造"现金流"。在安然（Enron）事件中，众所熟知的 SPV 不用将全部成员企业陷入危机，也可以筹集大量资金。而且可以当作隐藏负债的手段，在 Enron 破产过程中能看出，如果使用不当，其结果相当致命（见图 4 - 1）。❸

---

❶ http：//en. wikipedia. org/wiki/Structured_ finance.

❷ 조범규, Structured IP Financing, IPMS IP금융분야 내부발표자료.

❸ http：//www. investopedia. com/terms/s/spv. asp#axzz28NUliFb4.

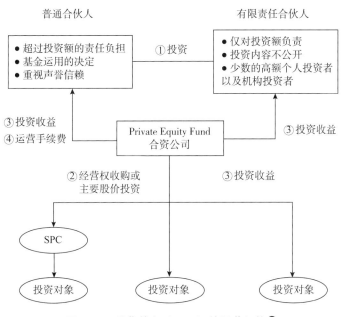

图 4 - 1 私募基金（PEF）的运营机构❹

普通合伙人主要负责决策基金运营的全过程，此外发掘投资对象企业和决定出售并购的股份的价格、时机、方法，对投资专门公司的资产股份行使议决权等。

有限责任合伙人主要对投资额负责，针对少数的高额个人投资者和机构投资者进行基金招募，因此不公开具体的投资名单。

这种 IP 金融满足专利持有者的资产证券化以及专利投资需求，重要的是，创造可预测的"现金流"。为此，判断当前或未来是否有许可需求，需要适当地评估该 IP 价值，而评估专家一般由经验丰富的管理者或由从事该行业的律所等相关机构推荐产生。运营 IP 基金的过程中，负债的规模越大越要在短期内创造可行的现金流，如果"现金流"的实现难度越大，越有必要通过股份来筹措资金。另外，还需要在"现金流"创造过程中起到核心作用的、可进行国际许可协商的专家。❺

如同风险资本公司一样，合伙人的选择是 IP 基金的核心。GP 是对所

---

❹ 최문수, 이중완, 사모투자펀드 PEF, 새로운 제안, 2010.

❺ 조범규, Structured IP Financing, IPMS IP금융분과 내부발표자료.

有基金的无限责任人。IP基金的特性使得需要理解专利货币化模式，在专利货币化业务中有经验的基金经理来管理基金。IP基金管理需要更专业的财务、税务理解和基金管理水平。另外，为了提高平均收益率的预期，需要建立多种IP货币化模式。

一般根据知识产权生命周期筹措资金的手段有：首先是知识产权的创造以及导入阶段❻，伴随很多不确定性，不会产生现金流，对于投资者来说，需要承担很高的风险，因此需要给与相应的补偿，适合股权投资。其次是知识产权的商业化以及成长阶段❼，开始产生少量现金流，为了积极应对市场的需求，增加相关设备等投资，需要维持持续的资金供给与支付能力的阶段。因此，适合通过发行公司债券来筹措资金，或者以著作权为担保从银行等金融机构借贷资金等以负债中心的金融结构。最后是知识产权商业化成熟阶段❽，可以给外部的需求者提供许可，收取使用费，积极开展将知识产权的经济价值转换为现金流的活动，应对追加的资金需求，偿还成长阶段借入的资金。因此，在成熟阶段以现有的或将来可预期的现金流为基础，使用多种金融手段，例如证券化。❾

（二）IP基金结构的类型❿

1. 售出并回授许可

（1）基本概念

运营IP基金的资产运营公司购买A企业持有的专利，A企业获得排他实施许可权或普通实施许可权，IP基金通过购买的专利每年从A企业收取一定的实施费用，基金到期之后企业以高出当初出售价的金额回购该专利。

通过这种基金，除了公司债券或银行借贷手段以外，企业还可以利用

---

❻ 知识产权的创造阶段是通过研究或开发获得技术并对技术进行权利化的阶段，导入阶段是为了将权利化的知识产权进行商业化，制作样品进行测试，实现技术的商品化阶段。

❼ 知识产权的商业化以及成长阶段是以创造的知识产权为基础，生产的商品和知识产权本身形成市场需求的阶段。

❽ 知识产权商业化成熟阶段是通过许可等方法形成专利使用费，市场上的需求也逐渐趋于成熟的阶段。

❾ 한국콘텐츠진흥원, 한국과 일본의 콘텐츠 산업 금융투자 시스템 비교 분석, KOCCA 포커스, 2012.2, 5면.

❿ 该SLB，IP Pool Syndication，Pre Sale & Profit sharing，IP Litigation Fund结构相关的IP基金结构可参考Idea Bridge资产运营公司的网页（ibridgefund.com）。

所持有的 IP 获得业务所需的资金，实现货币化，同时利用 IP 固有的特性——排他实施许可权制度，保留了企业对专利的独占权，同时可以给其他企业普通实施许可权，这是通过出售专利获得资金的同时利用该专利创造追加收益的模式。即在排他实施许可权人 A 企业的同意下基金可以与需要 IP 的 B 企业、C 企业、D 企业签订普通实施许可权合约，进行追加许可。❶

（2）投资者的观点

如图 4－2 所示，财务性投资者投资基金，每年以排他实施许可权的名义收取许可费用，这对于投资者来说相当于投资本金的利息。在银行业也认为 SLB 是可以非常稳定地产生收益的投资结构。SLB 除了收取排他实施许可费用之外，基金将购买的专利许可也可以销售给其他企业，能够创造追加收益，如果发生其他追加收益，A 企业需和基金按一定比例进行收益分配。在该模式中，如果 IP 的价值非常高，那么 A 企业就可以通过 IP 货币化模式获取更多的利益，这时，它就可以进一步利用 IP 进行许可和销售，从而获取更多利益。这时通过售出并回授许可模式，A 企业获得飞速发展后，也可以考虑向 IP 基金购回 IP，从而恢复 IP 原有的权利状态。同时通过该模式，也可以确认企业的 IP 价值，亦是对企业能力的评估和检验。因而，IP 组织对 IP 评估，确认金额过程，也是对公司 IP 价值确认过程，从金融角度来看，是对企业 IP 资产价值的评估。

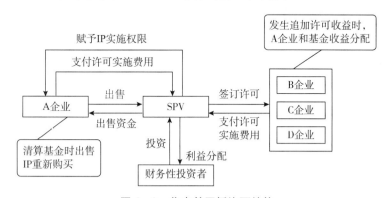

图 4－2　售出并回授许可结构

注释：SPC（Special Purpose Company）与 SPV（Special Purpose Vehicle）的解释相同。

资料来源：Idea Bridge 网址：http：//ibridgefund.com。

❶　아이디어브릿지 자산운용，한국시장에서의 IP펀드 운용，2012.6.22.

在 SLB 中，专利管理公司和金融公司的合作具有很大的意义。购买 IP 时，对该专利进行过分析和评价，如果该专利需要价值提升❷，那么还可以提供咨询。专利权是将发明内容转移到专利申请书的过程，以及申请过程中根据专利专家的能力未来变成有用的专利权或无用的专利权。因此，专利权的实际产生过程非常重要。A 企业极有可能是中小型企业，韩国中小型企业的专利权运营现状是对专利权的经验不足和认识不足，使得持有专利权的企业急需价值提升服务，因此非常需要专利管理企业的支持。

（3）IP 货币化模式观点

IP 基金购买专利之后，一般会运营货币化项目。设立 SPV 出售该专利，以 SPV 为中心针对货币化企业为对象进行货币化。在出售期间，所获取的利润由财务性投资者和 SPV 等根据份额分配收益。

（4）意义

这样的 SLB 在 IP 许可市场还没有完善的情况下，主要是 IP 货币化的方式之一，尤其是许可初期作为导入模式非常具有意义。许可市场成熟之后，随着现金流量的增加，就可以采用其他模式。

SLB 模式最好的情况是实现最初设定的利息，相反最差情况是企业失去偿还能力或该 IP 价值失效。为了应对下行风险，需要研究一下 SLB 和夹层融资（Mezzanin Financing）结合的多种结构。

基金的主要合伙人为了说服财务性投资者为主的有限责任合伙人（LP）参与其中，被要求提交 LP 可承受的风险预测，对此积极的应对方案就是 SLB 模式。为了增加 IP 证券化或 IP 担保金融等 IP 资产价值的投资可行性，需要增加 IP 投资资产的规模，也需要 LP 增加 IP 投资以及 IP 评估经验。❸

（5）主要案例

在韩国 SLB 投资案例中，企业认为 IP 金融与金融业的贷款有所不同，

---

❷ 处于申请过程中的专利，很多案件需要修改专利申请，另外开发该技术的同时扩大公司专利组合的保护范围等一系列的专利完善工作。

❸ 2014 年在韩国金融委员会主办下，招募了"成长阶梯"基金，其中包括"创意型 IP 基金"，该 IP 投资基金是国内首只可以向 IP 资产本身投资的政府支援基金。当前面对中小型企业的 IP 金融中，IP 质押贷款是以该企业股份为担保的风险资本型，相反"创意型 IP 基金"不需要企业的股份担保，只根据 IP 本身的评估金额以及未来收益可能性进行投资，这一点与国外的 IP 基金非常相似。因此该基金的招募对于韩国 IP 市场来说是非常具有意义的挑战。

具有不需要降低信用度而筹集资金的优点，但 IP 基金的观点认为如果该企业亏损破产的话就会面临无法回收本金的风险。

SLB 模式中，企业需要持续创造销售流水，如果将专利使用费缴付给 IP 基金，过了一段时间后以比出售金额更高的价格回购的话，IP 基金可以收回本金以及专利费用收益，同时企业获得运营所需的资金，从而企业和 IP 基金达到双赢。但是，该企业出现亏损时，IP 基金无法收到定期的实施费用，只能通过在 IP 交易市场上进行出售或许可来进行兑现。为了减少这种风险，首先确认投资对象企业的财务稳定性以及销售可能性，其次需要全面确认持有专利权本身的收益可能性。但是，由于韩国投资对象大部分都是风险以及中小企业，所以相关技术在产业界还未处于重要的位置（见图 4 – 3）。

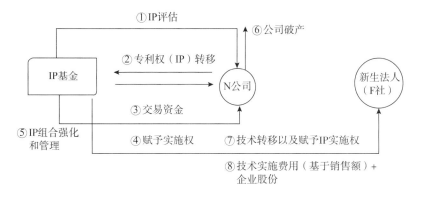

图 4 – 3　SLB 模式中专利销售企业破产的案例分析 1

如果公司破产的话，该专利技术在产业界被使用的比例非常小或者不被使用的概率更大，因此有可能在回收方案中增加限制的风险。最好的情况是即使公司破产之后市场还是有需求，回收的机会还是存在的。实际上存在过这种投资案例，下面介绍一下。在 IP 基金中，公司破产后的 1 年以内在海外发生利用投资 SLB 的企业对象 IP 的产品需求，同时还出现了生产和出口的机会。对此，IP 基金有机会将交易本金转变为公司股份，以及回收部分专利费用。

如图 4 – 4 所述，未来市场上预计会有需求，因此破产企业的人员可以创立新的法人单位，重新与专利权人签订合同，并将投入的资金转换为新成立企业的股份，进行海外市场推广。如果该产品在海外市场的反响不错，那么就可以与当地经销商签订合同。为应对与当地同领域企业可能发生的专利纠纷，IP 基金需要提前升级持有的 IP 价值，并向经销商提供非侵权签订书等证明材料。既是专利权人也是投资者的 IP 基金，通过 SLB 合约，将风险投资进行升级，可以帮助韩国中小企业增强在海外市场中应对专利纠纷的能力，也能看到实现 IP 商业金融的努力。

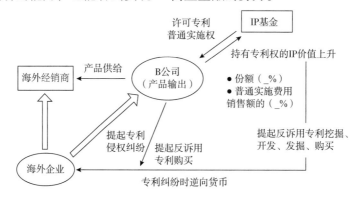

图 4 - 4　SLB 模式中专利销售企业破产的案例分析 2

2. IP 担保金融

美国 IP 基金中具有代表性的 Fortress IP 在运营以 IP 为担保贷款的金融模式，可以与韩国市场上的 SLB 模式进行比较，下面看一下 IP 质押贷款的案例。Fortress IP 是投资有价值专利的专业 IP 基金。具有通过 IP 债权形式只投资专利权的典型业务模式。2013 年 11 月三星电子（SSE 和 SS Venture）和美国的半导体公司 Netlist 签订了总金额为 2300 万美元的合同，其中包括 800 万美元专利许可合同以及未来向 Netlist 投资 1500 万美元的条款（见图 4 - 5）。

图 4 - 5　Fortress IP 金融商业模式

Netlist 持有非挥发性存储器（DDR3 Non - Volatile Dual In - Line Memory Module）相关专利。与三星电子签订合同以前，该公司凭借持有的专利从 Fortress IP 基金以 IP 债权形式获得了 1500 万美元的贷款，这些资金用于半导体技术的追加开发以及进一步提升专利价值的事情上。同时，这些专利还用于向潜在被授权企业进行诉讼威胁。Fortress IP 基金通过与 Netlist 签订 IP 债权合同，针对 Netlist 持有的非挥发性存储器核心专利回收担保设定以及享有未来收益的一部分，通过与三星电子签订打包式专利许可合同以及投资合同可以回收预计收益的大部分。

3. IP 专利池共同体结构

（1）基本概念

提前购买具有潜在诉讼风险或专利池会员企业有可能需要的专利，将专利的实施权赋予各个领域共同体企业，缴纳会员费的企业可以共同使用基金购买的专利（见图 4 - 6）。

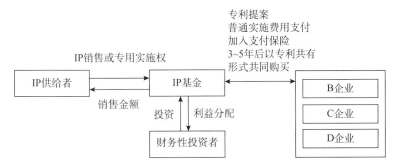

图 4 - 6　IP 专利池共同体结构

资料来源：Idea Bridge 网址：http：//ibridgefund.com/。

提前购买具有诉讼风险或者有可能发生纠纷的 IP，防止 IP 诉讼的发生，以降低国内企业的 IP 诉讼风险，尤其是帮助无法应对专利诉讼而不敢走向海外的企业降低了 IP 诉讼风险，为国内企业走向海外和扩大出口做出贡献。基金购买的 IP 由各领域的企业共同体一同接受实施权许可的形式，比起企业自行购买 IP 节省很多费用，因此可以给由于资金不足而无法独立购买 IP 或应对 IP 诉讼的中小微企业提供帮助。而且，同一领域的共同体使用的 IP 投资比面对个别企业的 IP 投资风险更小。❶

某会员企业以防御为目的的需要特定的专利时，从 IP 专利池中借贷部分专利一段时间，用于诉讼或反诉的专利借贷制度，对于缺乏专利的中小型企业来说是非常有用的制度。

（2）大型企业和中小型企业之间的差异

大型企业由于资金充沛，需要排他性地使用战略价值较高的专利，同时也以风险对冲的目的使用 IP 专利池共同体机构。相反，中小型企业由于资金有限，所以只能接受共同体的形式。

---

❶　Idea Bridge 资产运营公司，韩国市场上 IP 基金运营，2012.6.22。

RPX 等大型企业参与的共同体，可以采取联合该领域的大企业以及中型企业购买专利的方案。然而，对于中小企业来说，想要购买专利存在资金不足的问题，需要 NPE 充当从专利管理企业购买专利池专利的角色。根据特定需求，花费较少的成本就可以实现专利借贷或专利共享的专利池力度。

（3）运营 IP 专利池时需要考虑的问题

收集特定专利供多个企业使用的专利池形成过程中，在会员企业有需求的技术领域中保证一定数量的专利才会有效率。也就是说，以专利组合形式收集的专利应该针对实施该领域专利的企业为对象进行运营。

另外，专利池实际运营需要一定的规模，为此收取会员费用时，有时候出现向其他国家的许可专利池支付资金的情况。在世界技术市场上，以 MPEG LA、VIA Licensing 等美国公司，以及意大利的 Sisvel 为代表的专利池公司，掌握了主要标准化技术的标准专利。

（4）主要案例

2012 年，Allied Security Trust 参与了 ARM Holdings 交易，从 MIPs 以 3.5 亿美元获得了约 500 件专利，此后销售给了英国 Imagination Technologies 公司。

类似地，2012 年高智协同 RPX 一起，以 5.25 亿美元获得了相当数量的专利。

最后，Transpacific IP 获得了 Phoenix Technologies 的 BIOS 专利组合，转移给了生产全世界大部分笔记本和台式机的中国台湾企业联合体。这不仅具有战略性意义，同时亚洲公司以 Transpacific IP 的形式，通过信赖的第三方避免了可能产生的专利诉讼，算是打开了新的篇章。[15]

4. 保本型预售模式

（1）基本概念

企业通过基金出售所持有的 IP 获得收益，而基金利用这些专利再创造收益，并与投资者进行分配。即基金购买了 A 企业、B 企业、C 企业所持有的 IP，在基金期限内通过 IP 销售以及货币化活动创造收益，基金和 A 企业、B 企业、C 企业根据一定比例分配这些收益。如果截至基金的到期日没有产生收益，其余的 IP 资产再次由 A 企业、B 企业、C 企业购买，给基金赋予回收资金的权利。在基金期限内，在 A 企业、B 企业、C 企业的

---

[15] Peter D Holden. The ever – chaning IP monetization marketplace for PAEs，July/August 2013.

同意下，可以与 IP 需求企业 D、E、F 签订追加许可协议，发生收益时基金和 A 企业、B 企业、C 企业分配利益。

A 企业、B 企业、C 企业通过基金的国内外 IP 销售网络与企业自行出售相比更加有效率，更有可能高价出售，而且如果 IP 没有售出的话，企业需要在基金到期日进行回购，从而有效降低了基金的风险（见图 4–7）。[16]

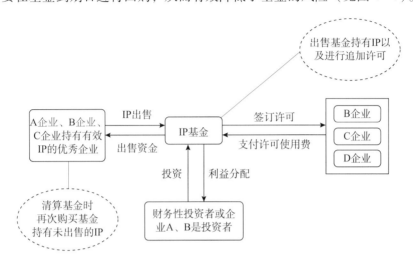

图 4–7 保本型预售结构

资料来源：Idea Bridge 网址：http：//ibridgefund.com/。

通过这种模式聚集的专利越多，越有可能吸引更多的企业出资参与，产生的收益按协议进行分成，但这种模式一般要求 IP 的价值较高。

（2）战略性投资者观点

基本上，本身经营制造业的战略型投资者可以取得许可以及能够按投资份额获取收益。比起追求战略性投资的收益性，更偏向于对冲本公司的风险。也就是企业既没有投资该专利，又让竞争对手获得的话，企业将会面临风险。战略性投资者出让所持有的专利，但是收益的产生需要相当长的时间，因此更倾向于收取预付金，但是这与财务性投资者的利益冲突，需要通过协商解决。

（3）财务性投资者观点

财务性投资者和企业相反，希望减少预付金最后与企业分配利益，这

---

[16] 아이디어브릿지 자산운용, 한국시장에서의 IP펀드 운용, 2012.6.22.

一点成了财务性投资者与企业进行协商的主要论点。

在实际案例中，Acacia 购买 Adaptix 的专利时，从投资者获得了资金，推测三星电子和微软作为战略性投资者参与其中，获得一部分份额，但是此消息还没有得到确认。Adaptix 持有的专利是当前 LTE 的基本通信方式 OFDM 技术，作为未来技术的核心方式广为所知，Adaptix 专利是 OFDM 技术的核心专利。

5. IP 诉讼基金模式

IP 诉讼基金是获得目标 IP 以及补充后续 IP 之后，针对 IP 侵权对象进行诉讼，通过诉讼赔偿或和解来获得收益的模式。获得核心 IP 后通过 IP 诉讼扩大收益来满足投资者的需求，同时加强 IP 市场的基金竞争力。而且，根据私募基金的特性，受益者不容易暴露，财务性投资者以及企业投资者更容易参与，因此更有机会筹集大规模资金。这种高风险、高收益特性，对于投资者来说非常具有吸引力。

i4i 是一家中小型风险企业，曾向微软提起诉讼获得了 2.9 亿美元赔偿额，这家企业为了与微软这种大型企业进行诉讼，引进加拿大的风险资本 Northwater Capital，筹集了诉讼费用。这就是所谓 "IP 诉讼专业基金" 的新型基金。Northwater Capital 是加拿大风险资本管理公司，主要投资以技术为中心的风险项目，该公司判断 i4i 持有的微软软件相关的技术以及专利非常具有价值。因此在 i4i 针对微软进行诉讼时，作为诉讼基金进行了投资（见图 4 - 8）。

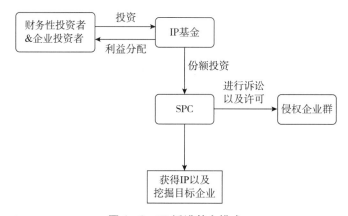

图 4 - 8　IP 诉讼基金模式

资料来源：Idea Bridge 网址：http：//ibridgefund.com/。

6. 战略型投资者和私募基金之间的合作投资模式

战略性投资者以合作投资形式购买专利持有法人所持有的专利，专利持有企业或运营企业联合私募基金一起设立了合作投资机构。为了节约税收一般设立离岸形式，通过许可、诉讼来回收资金。在离岸设立 SPC 时，通常利用广为人知的避税港，例如维尔京群岛、英属泽西群岛、巴哈马。

这种模式是从国内私募基金向进行结构调整的企业进行金融投资的方法中获得了启发，是通过收购结构调整对象企业出售的 IP，再引进对此 IP 感兴趣的大企业，提高 IP 收益性的模式。这个模式的核心是通过共享各自资源产生的效果，战略性投资者和私募基金联合起来共同进行运营（见图 4 – 9）。

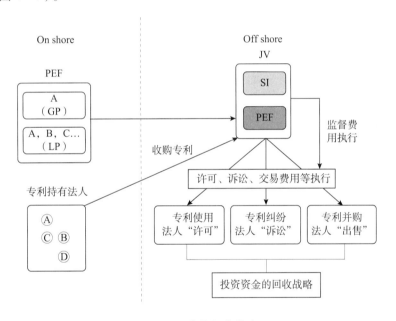

图 4 – 9　合作投资模式

7. 匿名投资模式

购买并实施专利来获得专利费用收益时，可以采取多种专利权形式的方案。在这种方案中，另设持有以及行使专利权的公司，与之签订合作协议。在投资者和专利权人之间设立专利管理公司（SPV），取得专利权人获得的专利费收益。运营中需要的专利权诉讼费用以及运营费用通过 SPV 转达给专利权人。

SPV 的设立通过第三方进行，投资者并不持有 SPV 的股份，而是签订匿名组合协议，SPV 成为专利业务的经营者，投资者作为匿名成员为 SPV 的专利业务出资，获得其业务产生的利益（见图 4-10）。

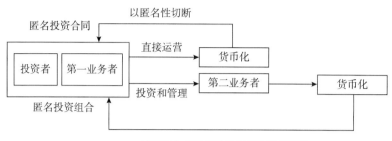

图 4-10　匿名投资结构

在商业上，匿名组合是以合同形成的共同企业形式或匿名组合和经营者之间的合约关系。匿名组合本身不具有法人资格。匿名组合为经营者的经营活动提供资金，经营者约定为匿名组合成员分配经营中产生的利益。这时，进行经营活动的所有权限归于经营者，匿名组合成员有权利监督经营者的经营活动。当事人之间规定利益分配的比例，根据规定执行即可，如果没有规定就根据各自出资比例进行分配。另外，协议期满后，经营者需返还匿名组合成员的出资资金，但出资资金由于亏损而减少的时候，返还其剩余的资金。在这样的匿名组合关系中，经营者可以行使的经营范围并没有限定，将匿名组合成员出资的资金用于经营活动是经营者的权限。因此投资者和 SPV 签订匿名组合协议，作为匿名组合成员出具一定的资金，SPV 作为营销者将资金用于经营活动在商业活动中并不需要特别限制。将这种模式应用于专利业务时，可以保障重要的匿名性。

在专利运营中保护匿名性上，正在实行并考虑各种投资模式，但即使在这样的匿名投资模式中还是对其"公开性"提出疑问，关于匿名性还没有找到可以引用的法院判决案例。只是 SPV 根据相关法律的解释上，大部分资金是根据投资者的匿名组合协议出资完成，运营中很多部分都是投资者来企划，与专利权人签订合作协议并产生专利费用收益的模式。因此，如果公开各项关系，无法完全排除被认为是专利权人或投资者的关联公司的可能性。但是 SPV 也是匿名组合的经营者，有可能将专利费收益的一部分记录和处理成独立的营业利益，匿名组合协议的规定范围内 SPV 所有的经营内容与投资者独立进行。在这个层面上，公平交易等相关法律下，

SPV 很难被认定为与投资者或专利权人是有关联的企业。

投资者在国内持有专利的情况下，SPV 通过对专利权的利用创造专利费收益，未来分享收益分配时，投资者希望保障自身的匿名性，那么可以考虑上述的"匿名投资组合"。尤其是在韩国国内成立 SPV 后，在美国、欧洲、中国等想要行使专利权的国家，设立另外的 SPV，推进专利侵权诉讼。在美国诉讼程序中最重要是证据开示步骤上证明投资关系的存在，而通过上述方法可以减轻这种负担，是有效的应对方案。

8. 利用代理机构模式

专利权人或投资者希望自身的匿名性得到保障，同时又希望获取专利权运营过程中的所有信息，最终希望自身的意见可以反映到运营过程中。这种情况下作为传统的投资模式，将专利管理公司作为专属的代理机构来进行运作。也就是，为了推进特别目的业务，投资者或专利权人与代理机构签订协议，代理机构根据专利权运营的目的以及宗旨代替专利权人或投资者进行专利运营，创造收益，并根据一定的分成比例获取收益或将一定的金额当作代理费用来收取。

过去即使是非常低的匿名性，在市场上也可以得到马赛克效果（隐藏原专利权人姓名）。但是最近美国法院审判案例中包括，与代理机构的投资协议书上具有一定份额或决定权（通常持有 30% 以上份额或具有可以左右运营方案的协商力）的投资者也需要作为诉讼当事人参与诉讼，因此未来匿名性越来越难得到保障。因此未来会出现，专利打手模式，或利用特殊目的法人结成投资者集团推进业务的模式（见图 4 - 11）。

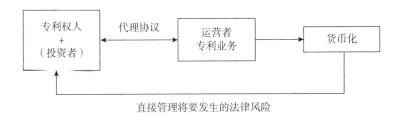

图 4 - 11　代理机构协议模式

但是不需要保障匿名性的专利权人或投资者就另当别论，尤其是没有具体的制造或销售的产品，或在出口市场上纠纷不太敏感的情况下可以通过这种专属代理机构来推进业务。在某个领域已经有记录的大中型专利管理公司倾向于选择与代理机构合作。

9. 私掠船模式

专利权人不愿意被牵扯到专利侵权诉讼，作为诉讼当事人到法院出庭，希望保障其匿名性。如前所述，代理机构的模式中，专利权人或投资者亲自决策运营过程，或持有 50% 以上份额就需要作为当事人参与其中。相反，私掠船模式是，在专利运营过程中由私掠船决策所有的事项，专利权人只是向专利打手有条件地出售专利或现物出资，在未来收益中按一定比例获取收益，同时匿名性也可以得到保障。出售过程中，按后端收取收益份额，通常情况下处于 50% 以下。因为在运营过程中所需的费用，不是专利权人来投资，而是专利权人只要出售专利权或现物投资，其他费用由另外的 IP 基金或专利管理公司来进行投资，可以分担角色。而且，收益份额适当地维持在 50% 以下，如发生专利侵权诉讼时，不用作为诉讼当事人到法庭参与诉讼，也是这个结构的一大特点（见图 4－12）。

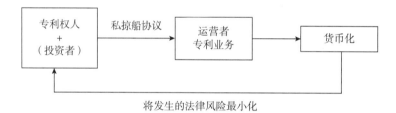

图 4－12　私掠船协议模式

最有代表性的案例是，苹果、微软共同体以 45 亿美元的价格购买了 Nortel 的专利，形成了 Rockstar 专利打手，代表共同体胁迫竞争对手，并向竞争对手提起了专利侵权诉讼，其中还包括几家韩国企业。在 IP 战争时代，韩国企业有必要通过对私掠船的全面理解和彻底分析，应对竞争对手的专利运用战略。在企业的立场上，不能仅仅从专利防御目的简单了解其利益关系，而是要积极地运用这种模式。

观察韩国和美国等国家的专利相关法律法规环境，专利费用支出相对多一些的 IP 行业对于专利运用模式的规定比较多一些。但是也有很多人建议，在适当的专利权利用层面上，不应该成为监管的对象，因此多数专利专家认为政策不会偏向任何一方。

二、IP 基金的实务

(一) IP 基金在运营过程中的主要实践

运营 IP 基金业务，由信托的形式管理投资 IP 资产的资产运营公司，采取集约投资机构形式设定基金或以特别私募基金形式设定投资者的投资资金。不管是何种形式，资产运营公司的基金经理需要从投资阶段开始考虑，资金投向哪种 IP 资产？该相信哪一种运营者并交付运营项目？项目有没有前景？投资资金的规模和投资时机是否恰当？投资资金的收益分配该从什么时候由什么触发事件来进行分配？如果回收资金的时机稍晚，通过什么措施安抚投资者，提高收益性？收益分配以后通过什么过程寻找退出战略？其中需要通过最根本的提问"是否有价值的 IP 资产？"和"究竟由谁来实际操作？"，这需要丰富的 IP 行业经验才能做出正确的判断，或至少不会做出错误的选择。第一个问题可以通过专利代理人等专家，间接地给出答案。第二个问题可以根据市场的最佳成绩，客观地进行确认。但是 IP 行业是具有专业知识的行业，因此基金经理是否能获取现场专家的意见，直接关系到能否抓住业务成功的关键点。

1. 决定权结构

在运营 IP 基金的过程中，到底由谁，在什么时候，对什么提案，怎样行使决定权是非常重要的问题。大部分情况下，对 IP 资产的特性需要具有专业知识的专家去把握整个货币化过程，但什么时候、用什么方式、投入多少资金是由管理资金的基金经理来决定的。日后，在哪个案件之后用什么方式回收资金也是根据基金经理的决定有很多种变化，因此最好在投资初期以"投资协议"形式在货币化业务初期明确地规定下来。通常在投资者集团内确定决定权的方式是可以代理这些投票权和推进货币化业务的运营者投票权的方法。另外对于运营者赋予全部权利的方式，和投资资金的投入比例、回收权限以及监督权限等投资者集团权限来进行运营的方式。最好的方法是，设立投资者代表和运营者代表共同参与的"运营委员会"。平时运营过程大部分时间不需要启动运营委员会，但运营没有按预期的方式进行，或者碰到没有预想的困难需要提出解决方案以及做出最终决策的时候，需要召开运营委员会会议。作为辅助，运营委员会下设日常管理机构，减少形式化，按周或按月确认业务进行情况，将重要的决定案件抽取出来提交至运营委员会，这种结构也可以是考虑对象之一。

2. 收益分配时的热点

投资者之间的收益分配也有规则和顺序。当然，最理想的状态是所有投资者都处于同一分配顺序，按同一的比例来获得收益，但在金融行业中需要根据利益关系找到不会偏向任何投资者的公平的分配方案。用全体的资金购买 IP 资产并委托给特定运营者的形式中利益分配可以根据投资比例来进行。购买 IP 资产后，未来不需要向运营者提供收益分配，在提供服务费用的情况下，所有的利益可以由投资者集团内部分配。

只投入现金的财务性投资者，根据投资 IP 资产产生收益的 IP 基金的特性，需要对 IP 业务有更深层理解的企业投资者也参与其中，可以营造更为稳定的运营状态。在这个过程中财务性投资者只会把 IP 资产当作投资对象，因此和实施 IP 资产运营的战略性投资者观点有所不同。

因此，通常情况下财务性投资者首先考虑资金方面，未来决定收益分配顺序的时候也会要求优先分配。相反，战略性投资者比起现金利益更重视该企业实施利益，因此大部分都会接受后期分配条件。现实中，除了大型的专利管理公司之外，大部分专利管理公司与投资者集团（包括财务性投资者和战略性投资者）进行利益分配的时候，只能接受后期分配。相对来说，从小企业追求 IP 收益业务的立场上看，其希望获得最优先收益分配。因此，发生收益时，去除已使用的费用，专利管理公司会要求运营者最先进行分配，由于运营者的份额比起投资者集团少很多，因此投资者集团大部分情况下答应运营者的要求或满足同顺序进行分配。

投资者集团有时以合作投资的形式共同向海外投资，或国内投资者和海外投资者共同以合作投资的形式设立特殊目的法人，推进 IP 业务。这时，需要精确计算收益分配时产生的税金。尤其是，投资者的收益分配顺序并不相同，或者满足一定的条件之后按共同顺序进行分配等情况下，作为共同业务将产生的税金也根据各自的顺序进行分配，才能成为公平的税金分配。合作投资的情况下，产生利润的时点需要缴纳税金。此处需要注意的是，缴纳税金之前，回收相当于投资资金的本金时，优先顺序获得利益分配的投资者可以在回收全部投资资金的过程中受惠，然后才能由在后顺序利益分配。如果投资资金没有按 1∶1 均等分配，未来发生的税金分配上也会根据受惠比例来进行，如果没有特别规定，在后顺序获得收益分配的投资者有可能需要负担更多的税金。因此，签订投资协议的时候，既要考虑到利益分配问题，还要考虑因共同运营发生税金分配的问题。

3. IP 基金清算时的热点

IP 基金是投资 IP 资产或 IP 货币化项目的基金，一般会有协议期限。超过一定期限之后，就需要整理该业务并进行解散或清算。与目标收益率的达成与否无关，通过在专利权人、财务性投资者以及运营者之间分配 IP 项目创造的收益、负债以及剩余资产，完成圆满的清算工作。收益分配根据 IP 货币化项目相关当事人之间签订的投资协议书来进行，预计不会产生纠纷。但剩余 IP 资产的处理方案，根据各相关方的立场不同可能产生一定矛盾。也就是，通常取得非独占性实施权的企业，可以优先购买其资产或取得实施权，但没有这层利益关系的财务性投资者希望用金钱的方式获得相应的利益。

因此，财务性投资者在 IP 资产接近清算节点时主张出售，获得收益后，进行现金分配，或者使实施该 IP 资产的企业（如前所述，作为投资者的实施企业）购买该 IP 资产，用现金的方式补偿财务性投资者。

另外，还需要考虑的是，投资结构为组合形式时，根据资本市场整合法可以享受税制优惠。尤其在清算基金时应该考虑到，IP 货币化项目实施过程中的收益所产生的税金到底由谁来负担。另外，如果是跨国投资，那么需要提前通过专业的税务、法务法人设定为缴纳最少税金的投资结构。提前确认这些内容可以避免未来因过重的税金而引发投资者之间利益关系的冲突。美国 IP 基金考虑税金问题的时候，偶尔也会利用"避税港"税收特别区域。即，在税收特别区域设立特殊目的法人（SPV），当作 IP 货币化运营者，将收益额分配给投资者。只是，利用这种 SPV 的时候，有可能根据投资者所属国家税收政策，成为"逃税"调查的对象，因此需要提前向税务、会计等专业人士进行确认。

（二）IP 基金招募过程实践

在金融行业寻找投资 IP 的投资者比寻找一般领域的投资者更为专业。也就是投资对象是无实体财产权，因此不容易与不太了解的投资者达成协议。同样，构建 IP 基金投资结构的工作比专利发掘以及实际操作更要求实务方面的专业性。

一般情况下在专利行业，在申请、应对纠纷、诉讼、交易（购买、出售、投资）等方面需要较强的专业性，尤其是利用专利权创造收益，或投资专利权创造收益的业务可以说是需要具备当前的申请、许可、诉讼等业务经验之后才能推进的高端业务。

想要让金融行业投资 IP 资产，必须向金融业的专家充分说明利用专利权能够创造的利益以及风险。首先，是否具有通过 IP 投资创造收益的经验，是最终能否成功获得投资的重要因素。但是在 IP 投资还不够活跃的韩国，从事专业运营的企业较少，因此在初期阶段与国外专利管理公司共同推进的形式或者接受政策资金帮助的形式较多。

为了招募 IP 基金，最重要的还是发掘有投资价值的专利。找到值得投资的专利后，分析和确认是否属于专利利用度较高的技术领域？利用该技术的企业是否很多？市场规模有多少？该专利的权利性是否足够强以及有无无效风险等内容，这个过程在实务过程中叫作"IP 尽职调查"（参照第3 章）。下一阶段就是制定该专利权的货币化方案，与投资者商讨投资可能性。

1. 金融行业的理解

美国有一家专门评估专利权利要求、投资货币化项目的 IP 基金（IP Navigation Group）。相反，在韩国的金融行业还没有针对 IP 资产进行投资的机构。但是，作为初期阶段随着引入投资中小企业的政策资金，担保能力弱一些的中小企业以持有的 IP 资产作为担保进行融资，这一点非常值得鼓励。

通常情况下，韩国金融行业总是讨论保障投资本金的问题。金融行业为了避免投资期限结束时出现亏损，因此要求提供保障本金的售出权利。其根本的理由是韩国的金融行业还未具备投资 IP 资产的专业性，同时针对 IP 资产的投资提议还不是很多。到目前为止纯粹的 IP 资产投资只能在理论上实行，而不是真正投资到中小企业中，不管如何，只对 IP 资产投资的对象规模较小，也难以形成市场，因此形成一定规模还需要一定的时间。

2. 筛选业务合作伙伴

招募 IP 基金的过程中，筛选合作伙伴非常重要。这些 IP 业务合作伙伴中有负责发掘有价值专利，并说服投资者的 IP 专家即"运营者"。运营者设计 IP 货币化项目并向投资者说明引进投资资金等，这一点很重要。

运营者为了设计 IP 货币化项目，需要从专家的角度分析和确认所投资的 IP 资产的权利性和无效性，提前预判推进业务过程中有没有其他法律风险。如果 IP 货币化项目需要进行专利侵权诉讼，还需要可以推进该诉讼的具有专利诉讼经验的律师事务所。选定 IP 专门运营者和律师事务所之后，需要选择投资者，该投资者应对 IP 货币化项目具有基础性理解，同时对运营者足够信任。

投资者的投资回报需要通过运营者的利益分配来完成，因此需要跟踪运营者的货币化项目进展情况。在美国，投资 IP 管理公司的风险投资公司本身配有 IP 专家，它们在 IP 市场上发掘投资对象，进行审查并担当投资执行者角色。北美市场中运营 IP 基金的金融公司有 Charles River Ventures、Madrona Ventures、Fortress、Northwater Capital 等，内部设有 IP 专门投资部门。IP 专门投资部门中金融专家和 IP 专家共同决定投资与否。

投资者分为实施该专利的实施企业或与实施无关，只追求财务利益的财务性投资者，其中实施企业采取利用本身持有专利的方法，以现物出资或现金投资的方式，参与到 IP 基金或 IP 货币化业务中。实施企业的投资将 IP 管理企业运营者作为代理人，将专利交给代理人开展 IP 业务时，与其他实施企业或财务性投资者联合起来，形成共同投资的集约投资形式。这种情况下，还需要可以代理共同体的共同利益的 IP 资产运营公司或 IP 专业金融公司。

IP 基金运营中，作为 IP 专门管理企业的运营者、战略性投资者、财务性投资者、律师事务所、管理投资资金的金融公司组合在一起以 IP 商业模式为媒介开展工作。

3. 许可——货币化项目设计

与普通的投资相同，IP 业务成功的关键也在于是否能够创造收益。是不是值得投资的专利，就要看能不能创造价值。如果判断为有价值的专利，那么就要设计如何使用专利权，形成将收益还给投资者的"货币化项目"。

IP 业务也需要制作业务企划书并说服投资者进行投资。企划书根据投资者是企业高层等内部顾客或者金融行业的基金经理、投资审查官等外部顾客，在整体形式或者内容上有所差异，但核心内容还是针对"由谁，在什么时候，如何利用专利推进许可，有需要的情况下如何通过法律程序创造收益？"等核心问题制作详细的业务推进计划。在这个过程中，投资者会仔细分析收益性，即投资回报率（ROI），提出可以优先分配利益的方案。如果是内部顾客，就会针对货币化推进过程是否存在危害本公司的法律层面风险因素提出问题，而且从收益性的角度仔细确认 ROI。根据 ROI 计算获得专利的费用（不管内部申请、外部购买，还是根据协议的获得股份，只计算总投入费用），在货币化过程中投入的运营者管理费用、专利管理费用、诉讼费用等。利润部分是收益减去所有费用，通常情况下在货币化过程中发生的费用等到收益分配的时候进行清算。尤其是，投资初期费用的投资者，将以优先顺序的方式清算初期费用后，对于纯利润与其他投资者一起根据份额进行二次分配，这一部分在 ROI 计算时必须明确。

另外，IP 货币化利用"独占性排他权"，使"侵权人"支付"专利费用"才是收益模式的核心。因此，大部分货币化项目中不管是专利权、商标权还是著作权，通过"侵权诉讼"可以有效主张权利，这一点是与其他房地产、船舶、建筑业投资不尽相同的地方。

在 IP 行业"诉讼"的目的是通过法律程序"主张权利"，对于侵权人进行正当的法律"权利行使"。这一点在前面"专利货币化相关的美国专利侵权诉讼热点"中曾提到过。

IP 货币化的方法中，向潜在侵权人的几个目标企业发送律师函，主张自己的权利比直接进行专利侵权诉讼更重要。律师函在专利法上被认为计算赔偿损失的起点，而且根据是否能满足法律条件来改变法律效力，是非常重要的环节。将对方的侵权产品与型号一起记录，至少要说明与型号相关的信息，把侵权的专利用所在国家的专利号明确地表述出来。如果没有专利号和产品型号，作为赔偿计算起始点"律师函"将失去效力，并且还要附上侵权产品如何侵害专利权的说明。这时，权利要求等定型化的实务资料的必要性添加是"存在就更明确"的程度，不会对上述"律师函"的效率产生直接的影响。但是需要律师函记载侵权产品的型号以及说明该产品如何侵害了专利权的权利要求。

发送律师函的时候，作为专利权人如果带着项目主题"通告"向侵权当事人推进，更容易在未来推进 IP 货币化项目并通过主张成功获得专利使用费。"主题"是"关于这件专利权利，在什么领域由谁开发，投入了相当大的开发费用，未来预计在市场上起到相当重要的作用，因此使用这项技术的企业需要支付专利费用"等方式表明 IP 权利人的"自我通告"。发送这种主题是为了将这些信息传递给企业管理层和法庭上不具备相关经验的一般"审判员",期待起到积极有效的作用。在美国法庭上,陪审团判决时,权利人需要呼吁不太懂技术但无聊地坐在陪审团上的成员关注。

最近,针对 NPE 的监管强化的情况下,提起诉讼的专利权人需要证明自身不是利用一两件专利权进行投机的 NPE,而是拥有可以被市场所认可的专利权主张正当权利的专利权人,这在诉讼战略上非常有必要。可以主张这种主题的专利权,更具有成功的可能性。现在 IP 货币化项目也像电视或电影等媒体一样,通过专业的广告公司可以制作具有情节说服力的主题,这样更具有成功的可能性。

在制作主题的工作中,由熟知专利技术的专家、具有专利侵权诉讼和许可协商经验的专家,以及具有丰富经验的谈判专家一起研究该专利,更有可能制作出具有影响力的主题。

制作主题后,还需要进行筛选目标企业的工作,筛选目标公司通常分为第一阶段和第二阶段,在使用该专利的企业中,根据国家、规模、专利诉讼经验以及应对方案等,采取按顺序进行许可协商或者以诉讼施加压力等策略。在第一阶段中,需要筛选通过协商或提起诉讼后,在最短时间内可以"和解"的容易对付的企业。通过快速地与这些企业达成许可协议,从而可以收回一定成本,以应对长时间对峙的企业。在 IP 行业,通常情况下为第一家和解企业提供最优条件,以此为饵进行谈判的情况很多。第一家和解的企业比其他缴纳专利费的企业可以享受 30% ~ 50% 的折扣,还包括除了缴纳专利费之外可以出售一部分专利权的奖励,协议中还可以包含转让一部分股份,未来从其他企业收取专利费之后,按份额可以进行分成等内容。这些初期获得的专利费用,可以弥补部分成本,使得整个 IP 货币化项目更具有实现性。将美国半导体公司 Micron 的专利以私掠船的方式运作成货币化项目的 Round Rock Research 就是典型的案例。Round Rock Research 为了引出初期和解企业,果断以竞拍的方式将相当于普通实施许可权的不起诉合约(Covenant Not to Sue)进行商品化推广到市场上。通过这种方式回收一定资金,用于向购买此商品的行业其他竞争对手施压,提升 Round Rock Research 货币化项目成功率的契机。在这个过程中,购买此商品的企业在短期内没有支付任何费用,以匿名的方式获得了该专利权的实施权,降低了一部分业务风险。

在 IP 货币化过程中，尽可能营造在短期内完成利益分配，将利润投入其他项目的良性循环结构。为此，更希望以诉讼施压，促使侵权企业尽快达成许可支付费用。也就是，减少投入金额，在短期内最大限度地获得收益的货币化项目就是"出售"。"出售"也需要战略，不能单纯地将专利投放到市场上，要以表面上看起来从许可、诉讼开始，但实际上引导需要支付专利费用的企业购买此项专利。如果专利权是打包式的专利组合形式，那么需要设计成通过部分出售的方式销售项目的股份。为此，需要全面地掌握使用该专利权的企业最近的业务成果和现金流量以及购买动向等，最好在设计该项目的时候考虑上述内容。

投资标准专利的时候，行业内普遍认为获取形成标准专利池的专利，选择例如其中有机会收取专利费的专利进行投资。在世界范围内运营标准专利的参考案例较多，例如从 MPEG LA、VIA Licensing 以及 Sisvel 等持有标准专利的专利权人中收取 10% 左右的代理费用，行使代理权，通过协商、诉讼向侵权人施压，收取专利费用，将收益按份额支付给标准专利持有企业的项目，这种方式比较成熟，是被广泛应用的方式。如果持有没有参与标准制定过程的专利权，那么没有遵守 FRAND 未规定的义务，可以制作更自由的强制项目。

根据代表专利法改革趋势的美国发明法案（AIA），针对利用专利权的 IP 货币化制定了很多规定。在美国专利诉讼中，对于故意侵权需支付 3 倍损害赔偿，但最近具备相对亲专利（对专利权人有利）倾向的欧洲市场上，利用专利权的案例逐渐增加。尤其是，最近德国法院短期内审理了几起高赔偿的专利赔偿案，相比美国诉讼过程中昂贵的律师费用，有必要考虑在德国利用专利权的货币化项目。

第 **5** 章
IP 金融的趋势

一、IP 资产市场动向

（一）对于 IP 资产的认识扩大

IP 与传统的股票和债券等投资资产不同，虽然收益率很高，但不容易转换成现金。IP 的价值由需求者、供给者、实施产品的市场状况、替代技术的出现与否等多种因素共同影响，其价值也具有很大的波动性。近年来作为替代投资（AI）对象备受关注，但实际上没有像房地产、黄金、原油等投资对象那样活跃。

在企业所持有的 IP 中，直接实施到产品的核心专利不足 1%～3%，50% 的专利应用于经营本公司业务确保实施自由即以防御性为目的的"需持有专利"，剩余的专利几乎是不被利用的"孤儿专利"。❶为此一些企业把 IP 当作需要支付维护费用的负担，而不是当作资产。

但是在企业经营过程中，以技术创新为基础的价值创造活动占据的比重越来越大，随着开放性创新结构的引进，不仅通过内部研发，从外部引进所需技术的案例不断增加。在这种情况下，IP 成为可转移、可获得的企业资产的一种，成为创造收益的源泉。尤其是，随着企业通过 IP 诉讼获得巨额的赔偿额的案例增多，越来越多的人认识到只凭 IP 也可以产生收益。随着高智、Acacia、RPX 等不同性质 NPE 的发展，并以此为中心的 IP 交易以及收益活动等 IP 资产的二级市场成长起来，将 IP 当作投资对象进行评

---

❶ Bruce Berman, From Assets to Profits, Competing for IP Value & Return, 2008.

估，为了利用 IP 引进大规模资本的案例也逐渐增多（见图 5 - 1）。

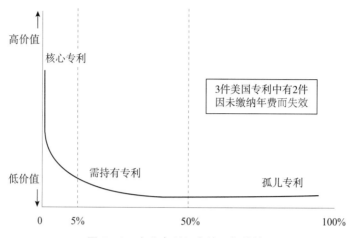

图 5 - 1　企业专利组合的一般结构

资料来源：Bruce Berman，From Assets to Profits，2009.

　　为了将 IP 组合进行货币化，根据情况需要适当地利用许可协议等较弱的权利主张和诉讼等较强的权利主张以及专利交易、技术转移、IP 风险投资等方式进行运作。战略性 IP 投资者根据专利组合的水平，判断可预测的收益、该公司的评价、对核心业务产生的影响等。❷ 但是，财务性投资者或 NPE，不太会受这些战略性 IP 投资者考虑事项的影响。

　　（二）IP 交易的主要特征

　　在企业间的专利交易中，出售专利的主要原因是业绩下降或者结构调整，或非核心业务中没有竞争力的 IP。具体的案例有，2012 年 6 月，InterDigital 以 3. 75 亿美元向 Intel 出售了 1700 余件专利，这符合股东期待销售额增加的预期，也为了股票回购项目。❸ 与前一年的销售相比，每件 22 万美元的价格比 Nortel 的平均销售价格还低一些。也就是，比 Nortel 的每件 75 万美元，总额 45 亿美元的出售价格以及谷歌以 125 亿美元购买摩托罗拉还要低。这显示购买者的组合限制负担❹以及战略意图与当时的市场情

---

❷　IP monetization 2010 & Beyond，Peter D Holden，2010. 3. 30.

❸　Peter D Holden，The ever - changing IP monetization marketplace for PAEs，July/August 2013.

❹　在专利交易中，指可以制约许可交易以及银行质押等专利权行使的因素，在专利价值评估中是重要的确认因素。

况对专利价值产生重要的作用。❺

Lexmark 向 Funai 销售了 1500 件专利和技术资产，这表示印刷市场的发展趋势从喷墨印刷转向利润较高的激光印刷和图像文件服务。Funai 在亚洲具有非常发达的销售网络，对批量生产和微利润生产有丰富经验，而且亚洲的喷墨印刷市场非常稳定，所以从该交易中以低廉的价格获得了具有潜力的 IP 和技术资产。2012 年 4 月，微软以 5.5 亿美元的价格向 Facebook 销售了 650 件专利，这宗交易不止是单纯的 IP 资产现金化，表明两家企业间的战略性合作也可能促使专利交易。❻

另外，制药公司的专利组合与 IT 产业呈现完全不同的状况。与半导体、无线通信、计算机、硬件、软件企业的专利相比，制药公司的专利组合中药品制造方法只是单纯的一件专利或几件专利就可以覆盖，也不需要数量众多的申请或交叉许可。电子领域的企业，即使是小企业也可以进行研究开发以及申请，但制药行业中如果没有最新的研究和一定规模的资本，凭小企业或个人很难完成类似的活动。因此，制药领域的专利交易相对少。即便如此，对于 IP 交易的需求比 IT 领域还巨大。❼制药企业需要 30 亿美元以上的研发费用，为了更有效地使用研发费用，正在努力寻找关注的领域、可以许可的发明以及值得购买的专利或企业。

（三）IP 交易的主要案例

观察一下最近的 IP 交易案例❽，2000 年以后，像高智这样的 NPE 积极推进了专利购买业务，此后多种多样性质的制造企业或 NPE 以间接的方式取得了专利。

从 2012 年的交易情况来看，谷歌、RPX、Facebook、UDC 等企业主要购买专利，相反 IBM、AOL、AT&T 等企业以出售专利为主。谷歌在 2012 年进行的 26 次专利交易中，全部都是买方，其交易对象有 HP、Xerox。作为防御型 NPE 的 RPX 在 2012 年的 20 次交易中主要购买了 730 件专利。微软也在 14 次专利交易中购买了 1470 件专利。从专利持有数量来看，2012 年 Facebook 持有 1409 件专利，增长数量最多，然后依次为 UDC（1225

❺ GTT Group Annual Patent Deal Review, 2012 Year Retrospective.

❻ Peter D Holden, The ever–changing IP monetization marketplace for PAEs, July/August 2013.

❼ Bruce Berman From Assets to Profits, Competing for IP Value & Return, 2008.

❽ GTT Group Annual Patent Deal Review, 2012 Year Retrospective.

件）、谷歌（925 件）、Pendrell（758 件）、RPX（730 件）、微软（见表 5-1）。

表 5-1　全球主要企业专利交易排名

序号	企业	交易次数/次
1	谷歌	26
2	RPX	20
3	Intel	17
4	IBM	17
5	微软	14
6	AT&A	13
7	高智	12
8	三星	10
9	惠普	9
10	Facebook	7

资料来源：GTT Group Annual Patent Deal Review，2012 Year Retrospective.

相反，从专利销售为主的企业来看，2012 年，IBM 在 17 次交易中出售了 1487 件专利。其次是 Fujifilm（1304 件）、AOL（1040 件）、IPG（758 件）、NEC（403 件）、HP（323 件）。

其中，IBM 将大部分专利销售给了谷歌，这与数年前向联想销售全部笔记本业务的案例相同，根据 IBM 的业务结构变化来处理相关 IP 资产。AOL 以 11 亿美元向微软出售 900 余件专利，也因为经营情况的变化向 Facebook 销售了 650 件专利（见表 5-2）。

表 5-2　全球主要企业专利交易排名

序号	企业	交易专利量/件
1	IBM	1487
2	微软	1470
3	Facebook	1409
4	Fujifilm	1304
5	UDC	1225
6	AOL	1040
7	谷歌	925
8	Pendrell	758
9	IPG	758
10	RPX	730

资料来源：GTT Group Annual Patent Deal Review，2012 Year Retrospective.

2012 年，最大规模的交易是 Fujifilm 分 2 次向 UDC 出售了 1225 件专利。这是 UDC 想要通过 OLED 和图像技术相关的专利强化该领域业务，表明该公司意图增强在该领域的技术优势。另外是 AOL 分 5 次向微软销售 800 件专利。主要涉及检索、内容生成以及管理、社交网络、映像、多媒体、流式传输、安全等网络核心技术相关的专利。而且 IBM 分 14 次以未公开价格的形式向 Facebook 出售了 750 件专利，涉及网络安全、广告、信息共享相关的专利。这次交易成交于 2012 年 4 月初，是 Facebook 从微软以 5.5 亿美元的价格购买 650 件专利的前一周。

最后，微软分 3 次以 5.5 亿美元的价格向 Facebook 出售了 650 件专利。这些专利涉及邮件、即时通信、网页浏览器、网页检索、网络广告、移动通信技术、电子商务等数字相关的技术。这些专利是 2012 年初 AOL 出售给微软的 800 件专利中的一部分（见表 5 - 3）。

表 5 - 3 主要出售专利涉及的领域

次序	出售方	购买方	专利量/件	主要技术
1	Fujifilm	UDC	1225	OLED 技术、图像技术
2	AOL	微软	800 + License	互联网技术、在线社交网络、数字安全、定位
3	IBM	Facebook	750	互联网技术、数字安全、计算机软件、网络
4	IPG	Pendrell	653	半导体、三极管、移动宽带
5	微软	Facebook	650	计算机软件、互联网技术、网络、视频、显示
6	微软	PRX	567	软件、硬件
7	NEC	Warren & Lewis Investment Corporation	277	卫星通信、移动宽带
8	Real Networks	Intel	159	软件、视频、移动应用
9	惠普	HTC	158	视频、网络、计算机软件

资料来源：GTT Group Annual Patent Deal Review, 2012 Year Retrospective.

表 5 - 4 显示的是 2012 年交易最活跃的企业。从表中可以看出，Bank

of America Na 等金融团体也参与到 IP 交易中，其并不是直接运用专利，而是作为质押设定运用到 IP 所有权转移上。其中，658276 Nb Ltd、658868 Nb Inc 是与 Mosaid❾ 相关的企业，Mosaid 在行业中广为所知，是运用 Nokia 专利运营货币化商务模式的 NPE。

表 5 - 4　2012 年最活跃的 50 家 IP 运营企业（摘录）

企业	国家
Hewlett – Packard Company	美国
Hewlett – Packard Development Company Lp	美国
Intel Mobile Communications Technology Gmbh	德国
International Business Machines Corporation	美国
International Engine Intellectual Property Company Llc	美国
Jpmorgan Chase Bank Na	美国
Jvc kenwood Corporation	日本
Merch Sharp Dohme Corp	美国
Momentive Performance Materials Inc	美国
Schering Corporation	美国
Siemens Aktiengesellschaft	德国
Silicon Valley Bank	美国
Silverbrook Research Pty Limited	澳大利亚
Toshiba Mobile Display Co Lp	日本
Tyco Healthcare Group Lp	美国
W L Gore Associates Inc	美国
Wells Fargo Bank National Association	美国
Wells Fargo Capital Finance Llc	美国
Zamtec Limited	爱尔兰

资料来源：David Jarczyk，Value creators，Intellectual Asset Management，Sept/Oct 2013.

表 5 - 5 显示的是 2016 年 1 月至 2 月美国专利市场交易情况❿，通过专利交易购买的企业有微软（76 件）、Intel（71 件）、Bosch（67 件）、IBM（49 件）、谷歌（42 件），通过专利交易出售的企业有 Toyota（42 件）、Sharp（29 件）、Bank of America（14 件）、Jpmorgan Chase Bank（11 件）。

---

❾　Mosaid 在 2013 年 9 月更名为 Conversant。

❿　IAM Magazine Issue 74 ~ 77，2015. 7 ~ 2016. 2.

表 5 – 5   2016 年 1 ~ 2 月专利交易排行前 30 位的转让方和受让方

TABLE 4A. Top 30 patent assignees by number of transactions, January-February 2016

#	Assignee entity	Number of assignments transacted
1	Solum Co., Ltd	162
2	Callahan Cellular L.L.C.	141
3	National Institutes Of Health - Director Deitr	90
4	Microsoft Corporation	76
5	Intel Corporation	71
6	Robert Bosch GmbH	67
7	Ulsan National Institute Of Science And Technology	67
8	OI Security Limited Liability Company	59
9	Ionis Pharmaceuticals, Inc.	58
10	F. Poszat Hu, L.L.C.	54
11	The Regents Of The University Of California	50
12	Dow Global Technologies LLC	49
13	International Business Machines Corporation	49
14	Sony Corporation	46
15	Nokia Technologies Oy	45
16	Google Inc.	42
17	Samsung Electronics Co., Ltd.	41
18	Toyota Jidosha Kabushiki Kaisha	40
19	Xenogenic Development Limited Liability Company	39
20	Gula Consulting Limited Liability Company	37
21	Massachusetts Institute Of Technology	36
22	Siemens Aktiengesellschaft	36
23	Qualcomm Incorporated	35
24	Merck Sharp & Dohme Corp.	34
25	Research In Motion Limited	34
26	Sharp Kabushiki Kaisha	34
27	Marvell International Ltd.	33
28	Rex Medical, L.P.	33
29	Skyworks Solutions, Inc.	33
30	Huawei Technologies Co., Ltd.	32

Source: ktMINE (www.ktmine.com)

TABLE 4B. Top 30 patent assignors by number of transactions, January-February 2016

#	Assignor entity	Number of assignments transacted
1	Unist Academy-Industry Research Corporation	67
2	University Of Rochester	43
3	Toyota Motor Engineering & Manufacturing North America, Inc.	42
4	Bally Gaming, Inc.	31
5	Sharp Laboratories Of America, Inc.	29
6	Nissin Kogyo Co., Ltd.	21
7	Bank Of America, N.A.	14
8	Zlemma, Inc.	13
9	O2micro Inc.	13
10	University Of Connecticut	11
11	Leanics Corporation	11
12	Jpmorgan Chase Bank, N.A., As Agent	11
13	Autoliv Nissin Brake Systems Japan Co., Ltd.	11
14	Marvell World Trade Ltd.	10
15	Hon Hai Precision Industry Co., Ltd.	10
16	Deutsche Bank AG New York Branch	10
17	Vertex Pharmaceuticals Incorporated	9
18	Takamoto, Naohide	9
19	Soon-Shiong, Patrick	9
20	Sony Computer Entertainment Inc.	9
21	Roosenboom-Kooijmans, Maria Helena	9
22	Maclennan, Grant A.	9
23	University Of California San Diego	8
24	Searete LLC	8
25	Princeton University	8
26	Hong Fu Jin Precision Industry (Shenzhen) Co., Ltd.	8
27	Gupta, Amit	8
28	Cook Incorporated	8
29	Zeevi, Yehoshua Y	7
30	Villar, Vicente Cajiga	7

Source: ktMINE (www.ktmine.com)

资料来源：issue 77，IAM Magazine，May/June 2016.

方框 1——高智的出现和商业模式

高智（IV）成立于2000年，结合了IP商业模式和大规模资本，IV的出现为IP金融的发展带来了新的契机。

当时，从大学教授等个人发明家、持有先进软件技术的企业到收购了微软以及微软的竞争对手 Oracle、Sun Microsystems 等公司的相关专利的 NPE，以专利侵权为理由对微软进行了攻击，使其在无数的诉讼中支付了巨额的赔偿。

为了改善这种情况，微软开始向潜在的被授权人以及竞争对手提议交叉许可等方案。从 IBM 专利部门引进了多名在 IP 行业很早就在防御层面上构筑交叉许可体系的 IP 专家，使得此项业务开展起来。这些 IP 专家主张的先进专利战略加上此后成为微软的 CTO 以及核心高级软件专家的 Nathan Myhvold、在斯坦福大学获得博士学位的最年轻韩裔美国人 Edward Jung 等以收取的认股权进行投资成立了 IV。此外，在北部加利福尼亚广为人知的在 IT 行业知名企业专利部门中有一位从 Intel 出身的 Peter Detkin 也参与其中。Peter Detkin 在 Intel 专利部门工作的时候，与被称为 NPT 的 NPE 进行诉讼时，称不生产具体产品，单凭专利权向制造行业企业收取专利费用的行为是流氓行为，称其为"专利流氓"（Patent Troll），在 IP 行业首次创造了"专利流氓"这个单词，但最终他也没能抵御专利法体系中正当专利权主张这种大趋势，加入了 IV 这个 NPE，投入未来向制造企业进行积极的专利运营中。尤其是三星、LG 等韩国的企业面对这种积极的专利运营活动，在数年间支付了高额的专利费用。

IV 将公司创始人曾就职过的 Microsoft、Intel 以及 Cisco、Nokia、Sony、HP 等跨国 IT 企业以战略性投资者 SI 的身份招募到公司，到目前为止，已筹集50多亿美元的资金，其规模令人震惊。IV 为投资公司撑起专利雨伞这种保护形式，并利用专利攻击没有参与投资的竞争对手，使其很难进入市场或者支付高额的专利费用。

（四）IP 金融的主要案例

2013 年上半年，分析美国证券交易所（SEC）公示的资料发现，通信标准专利的强者爱立信（Ericsson）向美国上市公司 Unwired Planet 出售了数千件专利。通过该案例可以看出 IP 金融的现状。

1. Unwired Planet 和 Ericsson 的专利交易中 IP 金融的应用案例

美国 IP 基金中，投资银行 Evercore 和 Indaba Capital 投资成立了专利管理公司 Unwired Planet，并购买 Ericsson 通信标准专利进行 IP 货币化的项目。双方金融投资者的投资规模约为 8000 万美元。其中比较特殊的是，Unwired Planet 是美国纳斯达克上市公司。

Unwired Planet 成立于 1996 年，当时被称为 Openware 的移动通信软件专门企业，联合 Open Handset Alliance 构筑了 WAP 标准环境，但智能手机的出现使 WAP 服务逐渐被淘汰，因此出售了移动通信业务之后逐渐发展为专利许可公司。第一个项目就是从 Ericsson 购买约 2400 件的通信领域相关专利。在这个过程中从投资银行获得资金，此后，根据公司拥有的专利对 Apple、Google、RIM 等企业在特拉华州和美国国际贸易委员会（ITC）进行了诉讼。

另外，Ericsson 利用本身强有力的通信标准专利资产将收益扩大化，2012 年，与 Unwired Planet 签订了专利交易以及专利收益模式相关的一系列协议，并公开在美国证券交易所（SEC）网站上，公开了两家公司间专利交易的主要条件，将自身的专利商业项目公开在 IP 市场上。

资料来源：Peter D Holden，The ever – changing IP monetization marketplace for PAEs，July/August 2013.

如上所述，Unwired Planet 专业的专利管理和 Ericsson 强有力的通信标准专利结合在一起，组成了通信行业的私掠船形式，逐渐形成另一个中心轴。在这个过程中可以发现，专利交易中不仅有购买者和出售者，还有 Evercore、Indaba 等投资银行参与，根据行业内消息 Evercore 提供了整个运营中所需要的商业费用。这是在典型的 NPE 专利商业金融模式中，财务性投资者、战略性投资者、专利管理企业等参与的形式。这种模式将在 IP 行业广为流传。

Unwired Planet 曾在德国法院向三星电子和华为提起专利侵权诉讼。最近报道，最终判决结果认为侵权成立。当初 Unwired Planet 向 Ericsson 仅支付了少量的初期购买资金，产生许可费用后根据表 5-6 的比例进行收益分配。

表 5-6　Ericsson 和 Unwired Planet 之间的 IP 交易条件

累计收益/美元	Unwired Planet	Ericsson	备注
0~1 亿	80%	20%	保障 Unwired Planet 的最少利益并负担诉讼费用
1 亿~5 亿	50%	50%	许可预期收益的核心部分：Portion：5:5 分配
5 亿以上	30%	70%	创造追加收益时 3:7 分配，创造 65 亿美元以上收益时，Ericsson 达成 Revenue 逆袭

Unwired Planet 购买 Ericsson 有关 LTE、移动应用的专利的同时，接受了 IP 基金的投资，从私募基金（PEF）Indaba Capital 获得了 5 亿美元、从投资银行 Evercore 获得了未公开具体数额的投资。

这种交易结构与此前的金融结构有类似之处，不具有新颖性。但是这次交易中，无法预测未来持有专利的实施企业和 NPE 之间交易发展方向。特别需要关注的是，在当前预先支付而不是全部销售的 NPE 购买条件中，初期的预先支付排除在外。也就是所有专利可以在没有预先支付的情况下，进行全额滞后支付方式，将取得的收益根据贡献度来进行分配。

还有一点是，Ericsson 每年将数十件专利持续转移给 Unwired Planet。这是在项目企划阶段向需要防御 Unwired Planet 专利攻击的实施企业宣告，临时的一次性防御方法对它们是行不通的，从而起到抑制目标企业防御意志的效果。

　通常情况下，实施企业为了防御 NPE 的攻击，最好的办法是分析 NPE 持有专利的弱点以及无效主张或非侵权主张，但是为了防御竞争对手，需要对每年增加的专利进行分析，那么在实施企业的立场上看，更希望针对 NPE 持有的所有专利和未来能够持有的专利获得打包式许可。因此 Ericsson 和 Unwired Planet 早已经掌握了实施企业的盲点，从而尽早反映在了实施项目上（见图 5-2）。

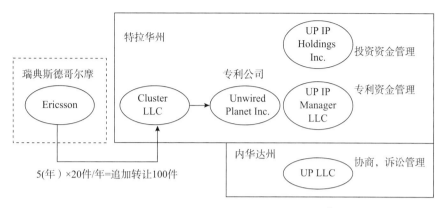

图 5 – 2　**Ericsson 的持续性专利转让结构**❶

　　Ericsson 未收到预付资金的情况下能够将专利转让给 Unwired Planet 的理由是，坚信自身专利的未来价值，相信 Unwired Planet 作为 IP 专业执行 NPE 的实力。

　　2015 年 11 月 23 日，英国专利法院判决三星电子和华为侵权 Unwired Planet 的无线通信相关专利事实成立。Unwired Planet 以三星电子和华为在智能手机制作过程中非法使用了 LTE 标准必要专利（SEP）为由向英国专利法院提起诉讼。克林布利斯法官认为"该技术与无线通信网络通信控制回路的轮询系统相关，对于 4G 通信必不可少"，因此支持了 Unwired Planet 的主张。与两家公司一同被提诉的 Google 在判决前支付了一定金额达成和解。根据这次判决，三星电子和华为有可能需要向 Unwired Planet 支付赔偿金。具体赔偿额预计在 12 月进行的公审中决定。当天 Unwired Planet 在纳斯达克的股价上涨了 18.44%，达到了 2014 年 3 月以后的最高值。IP 行业猜测本次诉讼的背后推手是 Ericsson，是为了同时牵制世界通信设备市场第一位的华为和以英国为跳板想要进入欧洲市场的三星电子。

　　各方预测 Ericsson 没有直接参与该次专利诉讼，而是让 Unwired Planet 站在台前推进，为此 Ericsson 在 2013 年向专利管理公司（NPE）Unwired Planet 转让了无线通信相关专利 2185 件。同时约定 Ericsson 在 2014 ~ 2018 年之间每年向 Unwired Planet 出售 20 件专利，合计 100 多件。

　　另外，2012 年 Ericsson 在美国针对三星电子提起了专利诉讼。而这次

---

❶　该信息来源于分析美国证券公司资料的结果［EB/OL］. http：//www. sec. gov.

诉讼直到 2014 年 1 月三星电子向 Ericsson 支付技术使用费用才最终结束。Ericsson 将自身持有的专利中一部分出售给 NPE 收取专利费收益，同时以自身的名义将持有的专利对同一家目标企业另外收取专利费用。

2. Altitude Capital 的 IP 金融案例

2005 年 6 月建立的私募基金 Altitude Capital 是只针对 IP 资产和以 IP 为中心进行投资的 IP 投资基金。私募基金的主要投资目标是已与华尔街的对冲基金签订投资协议的企业。到现在为止，Altitude Capital 主要投资许可和诉讼项目，在 17 次主要交易中投资了总共 2 亿美元。目前实现了 2.5 倍投资回报率，达到了 51.5% 的内部收益率（IRR）。

Altitude 与 Consumer Electronics 一起成立了通信服务相关的 IP 许可公司（LLC 形式的 SPV），进行基金招募并集中购买了 IP，利用这些购入的 IP 进行许可以及货币化活动，创造出了财务性收益。战略性推进的基金招募以普通的规模进行，通过初期约 5000 万美元的资本投资约定构筑了专利组合，搭建了合伙人之间可以有机联动的结构。Altitude 主要使用如下 SPV 和被许可人创造了业绩。尤其是 Saxon 在 2010 年实现了超过 1 亿美元的收入（见表 5 - 7）。

表 5 - 7   Altitude 的代表性专利组合以及被许可人

Altitude 的代表性专利组合	被许可人
Intrinsity	苹果
MercExchange	eBay
Visto	微软/RIM
Saxon	LG、诺基亚、RIM、Sharp、Nintendo、HTC

资料来源：이원일,NPEs 비즈니스 모델 분석을 통한 IP투자기법 연구,2012.

该模式利用多宗地方法院的诉讼以及核心项目过程中的 ITC 诉讼，以能够让被许可人节约诉讼费用的名义引导交易。

专利购买过程中的着重点是，引导主要实施企业做出了现物出资和现金出资的组合。也就是，让实施企业认识到以创造利润为主要目的的实施企业如果不进行现物出资或现金出资，就会处于被诉讼的危险境地，使实施企业无法轻易拒绝。

3. Digitude 的出现和 Apple 的现物出资

Digitude 是与对冲基金类似的 SPV，并可以创造 2.5 倍左右高收益的

IP 运营业绩，是非常具有吸引力的投资对象。Altitude 就是充分发挥投资环境并获得成功的范例，成立了称为 Digitude 的 SPV，在全世界范围内以大企业为主要对象在 ITC 提起诉讼。

Digitude 在 ITC 诉讼中使用的专利，是关于邮件收信提示相关的专利，原专利权人是日本的三菱（Mitsubishi）公司，后在市场上进行交易过程中被苹果打包购买，存放至 Altitude Capital 的专利储藏库中，后拿到 Digitude 应用于 ITC 诉讼以及货币化活动中。综合上述情况可发现，作为制造企业的代表，苹果也根据需要与 IP 基金结成战略性合作关系（见图 5 - 3）。

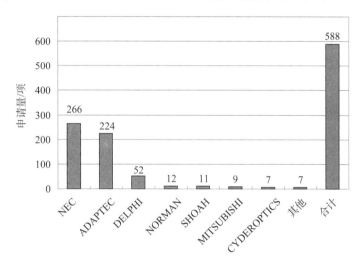

图 5 - 3　**Digitude 的美国专利各原所有者持有情况**

资料来源：이원일,NPEs 비즈니스 모델 분석을 통한 IP투자기법 연구,2012.

2012 年 5 月，Digitude 针对三星、LG、索尼、谷歌、松下、诺基亚等向 ITC 提起了诉讼，与 RPX 协商之后通过共同体（即被告形成的和解集团）提出只针对上述被告的额外和解金额。

作为解决方案，Digitude 的诉讼相关专利和母基金的 Altitude Capital 的所有专利以及未来几年内购买的专利作为和解的代价，一并许可给被告，RPX 的共同体和解金额的规模是达到了当初 Digitude 投资购入专利规模的收益。

4. 通过 Ocean Tomo、IPXI 竞拍方式的专利交易

在过去 7 年间，有许多专利通过竞拍方式进行了交易。通过专利价值标注上以各个专利引用为基础的专利等级，持有更多引用的专利被赋予更高的分数，短时间内根据统一的标准进行评估，形成了交易价格的均衡

化。在金融行业可以用统一标准评估的专利来进行交易，但将购买的专利应用于业务或通过专利攻击或专利防御提升企业应用程度的话，是无法成为具有信赖性的标准。支付特定的价格通过竞拍形式购买的专利，虽然交易过程简便但不能保障购买的专利是否具有交易金额之上的价值，因此专利行业对以竞拍方式进行交易的形式必有疑虑。

另外，Ocean Tomo 的一些专家以 Ocean Tomo 300 指数为名，将作为交易对象的 IP 与更有创新性的想法结合在一起，为了获得一定配额和指标化的专利实施权并构筑进行交易的市场，与芝加哥证券市场携手尝试进行实际交易。但是，大部分专家质疑，企业作为专利实施主体或专利交易的最终消费者是否能够理解这种指标，在实际操作中能否通过专利权获得成交额相当的价值。这部分在 Ocean Tomo，ULR 的网页上有详细记载。⑫

2007 年，IPXI（Intellectual Property Exchange International Inc.）成立于美国芝加哥，旨在建立世界首个公开专利许可交易所。⑬ IPXI 预想的交易所是以单位许可权（Unit License Right，ULR）为单位进行专利许可交易，因此对交易单位进行了标准化，以达到这些需求企业可以透明而有效率地进行技术交易的目的。这种结构与股票交易所的运作系统非常类似，构筑了交易体系，通过公开市场结构完善价格体系。IPXI 希望将 IP 交易同股票市场交易一样，通过公示的资料谁都可以获得相同条件下进行交易的机会，提高交易的透明性。例如，测算被许可人单件产品销售量需要支付的实施费用并公示在网络上。为了构筑 ULR 单位的 IP 许可公开交易市场，IPXI 持续了 5 年多的努力，获得了 IP 供给企业的赞助，但结果还是没有能够形成交易所市场，2015 年 3 月宣告停止营业。⑭

IPXI 的案例显示了专利交易的特殊性。IPXI 引导基于公示的信息和价值促成专利交易是没有考虑到专利交易双方希望私下进行交易的特性。即使购买者和被许可人认可该专利公示的价值，如果没有专利交易相关的出售者和许可人的积极态度和行为，也很难促成交易。IPXI 案例表明，专利权人没有通过诉讼强制实施法律权利，不会"自发支付实施费用，许可实

---

⑫　http：//www.oceantomo.com/productsandservices/investments/indexes/ot300.

⑬　IPXI 根据创始人的经验，以芝加哥的礼品市场和和气候交易所为模式成立。

⑭　https：//aistemos.com/2015/03/30/ipxi – ceases – operations – due – market – obstacles/IPXI ceases its operations due to market obstacles.

施权"。⑮ 而且，在购买者和被许可人也不愿意全公开（尤其是竞争对手）的状态下以公开的条件进行交易实际是不可行的。IPXI 停止营业公告显示，IPXI 的商业模式希望给专利交易市场提供公平性和透明性，期待该专利技术的使用者作为善良的企业市民进行合作和参与，但结果表明像专利许可等专利交易过程中如果不通过诉讼的程序就无法引起潜在需求者的注意，而这些问题也是 IPXI 模式需要克服的问题。因此，在专利许可上向没有经过同意使用专利技术的对方主张侵权和提示法律上强制处理的可能性，再通过协商收取实施费是很普遍的情况。这种"协商"过程不是普通交易中出现的报价并接受的单纯商讨过程，而是根据"技术"的内容通过解释专利的权利要求范围对是否构成侵权行为进行"专业的分析和具体许可协议条件的商议。"

IPXI 希望"公正而透明"协议条件的公开与被许可人的自发性参与，在许可协议中没有充分反映交易双方的协商和协议过程具有的特性。在韩国的 IP 交易市场的活跃度方面，可以说这样的观点在一定的层面上有效，确认交易所形式的市场形成的情况下，需要探索反映市场参与者和专利交易属性的结构。⑯

5. 通过 ICAP 的竞拍方式的专利交易

ICAP Patent Brokerage 公司除了并购 Ocean Tomo 的中介业务进行公开竞拍之外，每年会分析 3 万件专利和 6000 件专利组合，通过连接专利所有权人、投资者来创造收益。⑰

美国半导体公司 Micron Technology 将持有的 50% 以上专利出售给了外部 NPE，通过该 NPE 利用专利权进行收益活动，产生收益后以清算方式按一定比例计提。⑱ 少则数百万美元多则上千万美元的预付手续费是由专利权人 Micron Technology 公司支付的，Round Rock Research 公司为了在规定的时间内筹集初期专利购买费用，将本公司的专利组合通过 ICAP Broker-

⑮ 但是如制药产业中与新药开发相关的优秀专利，通过开发公司和制药公司的自发性协商转让或许可专利权的情况较多。因此不太适合将这种前提推广到所有产业。

⑯ 关于这一点，韩国技术交易所的案例提供了很多时事热点。韩国技术交易所成立于 2000 年，主要运营技术交易业务，2006 年业务规模逐渐缩小，2009 年被韩国产业技术振兴院吸收并改编。

⑰ http：//news. mk. co. kr/newsRead. php? sc = 60100119&year = 2013&no = 60953，2013. 12. 17.

⑱ http：//www. ipvalue. com/partners/round – rock – research. php.

age 公司进行竞拍，以"不起诉合约"方式投放到市场上。到目前为止，这是出现在竞拍市场上的最高价格的主要交易，根据如上所述的在交易市场上还未确立的指标或模糊的专利评估，需要出售者和购买者的共同决定是否要放弃将该专利权的实施权以许可形式的像商品一样一次性地通过竞拍销售的公开承诺。同时，提议在特定日期在公开的场所通过公开的竞拍形式销售"不起诉合约"的交易。

方框2——银行业内的提问——关于诺基亚和微软交易的解释

关于诺基亚和微软交易的解释

有一天，接到了国内大型银行的金融投资专家的电话。他的问题是如何看待微软和诺基亚之间收购手机业务相关的新闻？

2009 年之前，诺基亚是公认的手机行业霸主。不管从销售额、营业利润还是技术能力等方面综合评价，都处于摩托罗拉、三星、LG 等第二梯队企业无法企及的位置。行业内专家普遍认为诺基亚具有无法衰退的健康的业务结构。然而苹果手机的出现改变了诺基亚的霸主地位。苹果手机的出现向市场说明了当前功能手机市场的强者不一定继续引领智能手机市场。诺基亚将营业利润的很大一部分投资于通过 IEEE802.11/16 等标准活动获得 3G/4G 标准专利的业务上，以确保在通信标准技术方面保持领先地位，被评价为构筑了世界最强的标准专利组合。

参加通信标准相关会议就能发现，诺基亚总是带领 30 多人超大团体参加会议。诺基亚团体的技术提案和发表能力让其他企业望尘莫及。通过积极的投资创造了数量众多的标准专利，这些对于竞争对手来说是巨大的负担。此后，Nokia 在智能手机市场上一蹶不振，试图通过向 NPE 出售公司所持有的专利资产来填补公司的赤字。到目前为止，Nokia 将数千件的专利出售给 Mosaid、Pendrell 等 NPE，通过专利许可和专利费缴纳的方式向竞争对手施压，还与索尼合作将双方持有的通信标准相关专利以现物出资的形式与 MPEG LA 成立了合资企业"Mobile Multimedia Ideas"（MMI），以 MPEG LA 的专业许可能力为基础震慑竞争对手，持续收取专利使用费。

不仅如此，诺基亚积极推进包括将专利逐条销售的方式在内的多样化的专利货币化战略，这次通过将所有的手机业务销售给微软，确保了此前销售的专利权的收益活动以及现在持有的专利权未来所有活动中的持续性。也就是，诺基亚的移动业务部门的销售额与2009年最高值相比显著下降，但是其销售量足以成为各个竞争对手反诉的对象，尤其是中低价手机的销售数量更不能小觑。现在将所有亏损业务部门都转移给微软，真正可以像专利流氓一样进行无差别攻击。一直与诺基亚处于专利纠纷状态中的竞争对手不能再提起反诉，只能转换为单方面的防御。如果在本次交易成交之前，某个竞争对手已经开始攻击诺基亚的手机业务部门或已经提起反诉，那么或许还有机会与并购诺基亚手机部门的微软进行交叉许可的机会，以解决双方之间的专利许可事宜，但是大部分移动设备制造、销售企业因畏惧微软持有的有关操作系统的相关专利，在微软并购诺基亚这个交易发生之前，几乎已经与微软达成了交叉许可协议，因此有猜测认为，是微软有意安排的策略，赶在收购诺基亚之前，与其他所有移动设备企业签订交叉许可协议。

而且，微软表示收购的诺基亚移动通信业务并非是当前诺基亚持有的专利权以及管理部门，收购合约里包括诺基亚持有的所有专利未来10年里许可实施权。

行业内专家推定诺基亚专利未来通过专利权收益业务获得的收益中，微软可以分享一定份额。如果诺基亚专利权的货币化活动全面展开，那么韩国的三大手机制造公司三星、LG、Pantech将会直接产生损失。

实际上，当前诺基亚和三星之间正在进行关于通信标准专利续约协商，未来三星将不能对诺基亚采取任何的反制措施，预计只能在比现在更为苛刻的条件下进行续约。

另外，微软即使收购诺基亚的业务部门也未能收购诺基亚所持有的专利，只获得了未来10年的实施权。但是，行业内认为，收购内容不止于此，未来诺基亚通过专利创造的专利收益中，微软将能获得一定的份额。

在移动通信行业，微软收购诺基亚手机业务采取的战略与不久前谷歌收购摩托罗拉采取的战略非常类似，可以解读为移动通信领域"三大操作系统"之间有关商业和专利权的竞争。所谓"三大操作系统"分别是苹果的 iOS 操作系统、谷歌的 Android 操作系统以及微软的 Windows 操作系统。

为了应对当前的两大最强阵容安卓（谷歌＋摩托罗拉、三星、LG 等）和 iOS 阵容（苹果手机），Windows 必定需要手机制作企业。因此，很早就预计自行制作 OS 塞班系统并合作制作和销售过一部分 Windows OS 手机的诺基亚将会成为收购的首要对象。

根据产业界的结构调整，微软和诺基亚的合并处于战略性合作的程序中，这导致专利行业中又出现了一个超大型的通信专利 NPE。一直以来通信行业的最大 NPE 是 Interdigital，从通信制造企业中收取数十亿美元专利费用的专利流氓，被大家所唾弃，最近根据诺基亚的专利利用战略的变化，又增加了一个韩国三大手机制造公司需要应对的专利流氓。

那么，韩国三大手机制造企业需要永远向这些专利 NPE 缴付专利费用吗？还是，韩国企业也具有可以反击的余地？到底有没有对策？银行业的金融专家提出了这样的提问。

过去美国、日本、欧洲等先进企业所持有的专利持续转移到 NPE，又加上先进的金融手段催生了 IP 货币化商业模式，在过去七八年，来自这些 NPE 的威胁持续在增加，2013 年第三季度达到了顶峰。2013 年 12 月，"电子通信技术研究院"（ETRI）发布的"2014 年专利纠纷战国时代"一文中，预测 2015 年国际专利纠纷会增加 2 倍以上。诉讼赔偿规模将从 2010 年的 2400 亿韩元增加至 2015 年的 5000 亿韩元。总赔偿规模预计从 2010 年的 360 亿美元增加至 2015 年的 750 亿美元。这看起来像天文数字，但从过去的经验来看，作者认为这是非常具有现实性的数字。相反，只能期待不要超过这个数字。根据相关报道分析，赔偿额呈现增加趋势的另一面，是以美国为中心的专利流氓的商业模式背后存在很多具有可以支撑它们购买专利和收益活动的诉讼费用、运营费用的 IP 基金和组织。这种以 IP 基金为中心投资的资金是 2008 年全球金融危机发生之后，政府支持高新技术企业发展的财政资金，有一部分投资到专利商业化中，创造了高收益，此后 IP 基金就像雨后春笋般增多，尤其是以对冲基金为中心的巨额投资资金开始投入 NPE 商业模式中。2009～2012 年，投资资金大多数回收节点是 2015 年，因此催促型诉讼越来越多。最近修改的美国专利法（America Invention Act）中，增加了强化 NPE 诉讼条件的规定，政府和产业界的牵制行为加上投资资金的回收时机重合，使得 NPE 更要充分利用当前的法律环境。

　　理论上，无法阻止微软和诺基亚合并而导致手机制造业企业需要支付更多的专利许可费，但是韩国企业可以持有的或从国外购买的专利进行对应。同时还要培养专利专家和金融专家，支持他们运营的 IP 基金才是需要解决的问题。

二、IP 金融参与者的最新动向

　　分析 IP 商业模式要从 IP 供给者和需求者的意图开始。要先判断是否是为了进入新的商业领域需要构筑多种品质的专利组合的战略性企业投资者，还是为了诉讼或反诉需要购买具有权利要求的专利以及具有非常具体以及定位化的短期目的的战术性企业投资者，或者专利交易是为了满足企业的商业模式，又或只是纯粹地投资获取收益。[19]

　　为了了解 NPE 的特性，首先需要确认构筑该 NPE 的专利组合并行使权利的基金属于企业还是属于金融投资机构。高智是规模最大、持有的专利数量最多的基金，将全世界几乎所有的大型企业收为会员企业，以诉讼防御为目的进行运营；GE－Licensing 是以通用电气公司的许可货币化以及支援内部研发为目的的运营；而开源发明网络（Open Invention Networks，OIN）是为了保护 Linux 阵营不受诉讼之害，由企业投资而成立；AST 由企业集体决定来购买专利以实现防御性用途。[20]

　　相比之下，由投资金融机构成立的 NPE 更追求独立的生存模式。攻击性 NPE 的代表 Acacia 不会依赖特定企业的专利组合，也不会根据特定企业的需求来运作，而是根据自身的判断购买专利进行许可和诉讼。这种根据自身的判断构成专利组合的具有代表性的防御 NPE 是与 Acacia 对立的

[19]　Peter D Holden，New models in response to changes in the global IP market，July/August 2011.
[20]　이원일，NPE's 비즈니스 모델 분석을 통한 IP투자기법 연구，한국지식재산연구원 2012.

RPX。另外，具有代表性的投资金融基金 Coller Capital 同时向市场上多种商业模式 NPE 投资，获得稳定的现金流，这一点非常值得关注。**㉑**

图 5-4 显示了几个企业的专利货币化生态系统。首先区分上市企业还是非上市企业，获得的专利由内部完成还是外部获得。**㉒** 企业的 IPO 从传统的攻击性 NPE Acacia 和 InterDigital 扩散至成立防御型商业模式的 RPX。NPE 通过 IPO 拓宽了融资的渠道，当然投资该 NPE 的基金通过 IPO 实现股价上升创造投资收益，获得了新的退出渠道，通过 IPO 作为招募基金的源头可以扩张至股票市场。如图 5-4 所示，多数的 NPE 陆续进行 IPO，表明NPE 逐渐成为持续发展的商业模式。

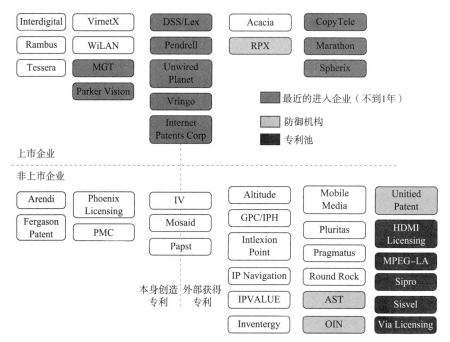

图 5-4　在 IP 行业根据主要参与者性质来分类的体系

资料来源：60 July/August 2013，The ever-changing IP monetization marketplace for PAEs.

（一）攻击性 IP 以及专利主张主体

1. 主要 IP 基金

作为替代投资的一种，投资 IP 的对冲基金或者私募基金（PEF）期待

㉑　이원일, NPE's 비즈니스 모델 분석을 통한 IP투자기법 연구, 한국지식재산연구원 2012.

㉒　Peter D Holden，New models in response to changes in the global IP market，July/August 2013.

获得较高的收益率，投资攻击性专利主张主体或者自身持有专利主张主体组织。

（1）Fortress

2007 年，Fortress Investment Group LLC（以下简称"Fortress"）在 IPO 以后，投资了包括私募基金、对冲基金、信贷基金等形式的资产。2013 年 6 月，被爆运营 556 亿美元规模的资产。[23]

Fortress 投资了针对诺基亚提起 178 亿美元侵权诉讼的德国公司 IPCom。最近，Fortress 受关注的理由是以资产质押贷款形式运营知识产权，并获得 10%～15% 的收益。如果出现担保企业陷入破产的情况，那么将知识产权担保物进行兑现，回收资产担保贷款资金。[24]

最近 Fortress 还投资了 Netlist 的非存储半导体相关专利，通过投资三星电子和三星 Ventures 并成功部分退出的案例，详细的内容已在第 4 章进行了介绍。

（2）Coller Captital

总部位于英国伦敦的 Coller Captital 是私募投资的领头羊之一。投资覆盖 2500 家以上企业的 300 只以上私募基金，拥有覆盖全世界的跨国投资部门（见图 5 - 5）。[25]

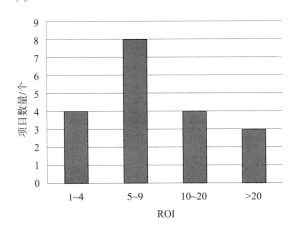

图 5 - 5 Coller Capital 的 ROI 趋势

资料来源：IP monetization 2010 & Beyond，Peter D. Holden，2010. 3. 30.

[23] http：//en. wikipedia. org/Fortress_ Investment_ Group.

[24] Peter D Holden，New models in response to changes in the global IP market，July/August 2013.

[25] http：//en. wikipedia. org/wiki/Coller_ Capital.

其中 IP 货币化项目中，2009 年 Coller Capital 从私募基金获得了 15%
的内部收益率。3 年内实现 1 倍收益，设计连接侵权证据和专利权利要求
的表格，提升专利价值，通过较快的货币化战略，6 年之内实现 2.5～3 倍
收益。

另外，为了减少风险利用多种专利组合开展了形式不同的战略，集中
运营 IP 交易需求较大或 IP 在产品以及服务中成为价值创造核心的技术领
域。另外，利用跨国网络集中于 ROI，建立了适合于商业许可而不是单纯
诉讼或防御许可的专利管理部门。❷ 但是最近 Coller IP 战略改变之后，减
少了 IP 投资，基金经理负责人转投到 IP Value，预计无法期待如从前那么
活跃（见表 5 –8）。

表 5 –8　**Coller Capital 交易对象专利的 ROI 和收益战略**

专利量/件	成本/回收	投资回报率（ROI）	战略
91	12	6	销售
20	6	6	许可
10	5	5	许可
134	11	4	销售
1	0.95	2	销售
4	6.5	4	销售
300	750	20	许可
20	15	30	许可
12	30	30	许可
750	200	1.5	许可
1	5	20	销售
1	6	20	许可
10	60	30	销售
2	28	7.5	销售
4	15	7.5	销售
1	2.9	7.5	销售
1	0.5	5	销售
115	22	7.5	许可

资料来源：IP monetization 2010 & Beyond，Peter D，Holden，2013.3.30.

---

❷　IP monetization 2010 & Beyond，Peter D，Holden，2013.3.30.

（3）其他

除了 Fortress、Coller Capital 之外，采取攻击性战略的私募基金有Alpha Funds、Altitude Capital、Inv Capital Partners、NW Patent Funding、Panoptis、Paradox Capital、Rembrandt、Techquity、Bessemer、Sequoia、Bechmark、Cerberus、Silver Lake、Deutsche Bank、Goldman Sachs 等。

2. PAE 专利主张主体

（1）Unwired Planet

移动通信无线领域的企业 Openwave 发展至今，是以持有专利为基础进行许可活动创造数亿美元的企业，2012 年，针对苹果和谷歌提起了专利侵权诉讼，2013 年初获得了爱立信的 2400 件专利主要集中在移动通信领域。最近联想收购了摩托罗拉手机制造部门后，为了在美国市场上提高专利防御能力从 Unwired Planet 以 1 亿美元购买了爱立信的一部分专利以及其他专利组合的多年许可。

（2）Pendrell

Pendrell 在平板电脑、智能手机、其他家电领域持有 1600 余件专利，与时代华纳公司共同拥有 ContentGuard 公司，在 DRM 领域在全世界各地持有 297 件授权专利和 169 件公开专利。ContentGuard 公司与 Casio、富士通、LG 电子、微软、诺基亚、Pantech、索尼等企业签订了许可协议，而且在 2013 年又成为 Provitro Biosciences 公司的大股东，持有植物繁殖领域（plant propagation）相关的技术和专利。❷⓻ 2013 年 Pendrell 从诺基亚获得了存储器技术领域的 125 件专利，其中 81 件是标准基础专利。❷⓼ 随后又成立了子公司 Ovidian Group，向技术企业、私募基金、对冲基金、投资公司提供 IP 组合分析、价值评估、货币化、诉讼战略等服务。❷⓽

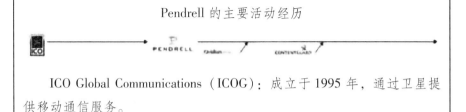

Pendrell 的主要活动经历

ICO Global Communications（ICOG）：成立于 1995 年，通过卫星提供移动通信服务。

---

❷⓻　http：//pendrell. com/about/overview.

❷⓼　http：//pendrell. com/sites/default/files/pendrell%20Nokia% FINAL%20032413. pdf.

❷⓽　http：//pendrell. com/about/overview.

> 2011 年 1 月：更名为 Pendrell（PCO），主要运营 IP 货币化。收购了 IP 咨询公司 Ovidian。
>
> 2011 年 10 月：收购专利持有公司 ContentGuard。
>
> 2012 年 2 月：针对 ZTE 提起诉讼。
>
> 2012 年 4 月：通过 5 次交易获得 1300 多件专利。
>
> 2013 年 5 月：获得 125 件诺基亚专利。

（3）Acacia Research Corporation

通过专利购买、许可、诉讼等 IP 货币化活动，Acacia Research Corporation（以下简称"Acacia"）在医疗器械、图像技术、安全、无线领域持有 250 多个专利组合，是具有一定代表性的 NPE。2012 年从 Nokia Siemens Networks 公司获得了核心的无线领域专利，从私募基金 Baker Capital 公司以 160 万美元收购了 4G 技术开拓者 Adaptix 公司，增强了无线技术专利组合。2012 年针对 Apple、AT&T、Sprint、Verizon 提起了诉讼。❸

该公司进行了预计 350 件以上的专利诉讼，采取比较具有攻击性的战略。IP 基金规模为 1 亿美元以上，2008 年和 2009 年的收入是 6000 万美元，但产生了 260 万美元的损失。投资者的收益约为 15%。2009 年第二季度发展了 21 个新的被许可人，获得了 8 件专利，针对 Yahoo 获得了 600 多万美元的损害赔偿判决。同时，持有 186 件美国专利，2012 年下半年针对 Apple、AT&T、Sprint、Verizon 公司提起诉讼。❸❸❸

观察一下 Acacia 的情况，收益和专利组合存在正向发展关系，过去 7 年里 Acacia 创造了 2 亿美元的销售额，同时相应不遗余力地投资购买专利。这些获得的专利中有 50% 左右的专利产生了实际的销售额，通过持续的收入又获得了新专利（见图 5 – 6）。

---

❸ http：//www.ipcheckups.com/npe – tracker/npe – tracker – list/#acacia.

❸ IP monetization 2010 & Beyond，Peter D，Holden，2013.3.30.

❸ http：//www.ipcheckups.com/npe – tracker/npe – tracker – list/. 2013.11.27.

❸ http：//www.patentfreedom/com/about – npes/holdings/. 2013.11.27.

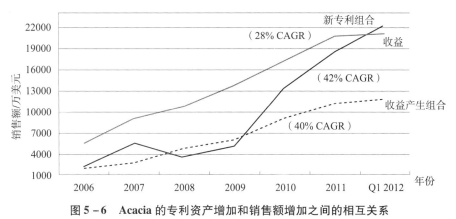

图 5 - 6　**Acacia** 的专利资产增加和销售额增加之间的相互关系

资料来源：인텔렉추얼디스커버리, 아이시스특허사무소，IP펀드와의 전략적 파트너십. 2012. 7.

（4）Round Rock Research（IP Value 的 SPV 之一）

2009 年，Round Rock Research 购买了 DRAM 制造公司 Micron 的 4000 余件专利，向苹果、三星、索尼等实施了许可。考虑到参与过成立 Round Rock Research 过程的律师事务所 Desmerais LLS 代理 Intellectual Ventures 向 Micron 许可过 IV 公司的专利组合，就能发现 Intellectual Ventures 和 Round Rock Research 保持一定的合作关系。另外，这些专利独占性授权给 Kirkland & Ellis 的专利诉讼部门负责人 John Desmarais，签订了进行专利权货币化活动的协议。

Round Rock Research 持有的约 4500 件专利中，既包括具有专利优势的半导体专利，也有容易将系统制造企业陷入专利侵权诉讼的专利。

RRR 的形成是 IP Value 成立的十多个 SPV 之一，其中，IP Value 起到普通合伙人的作用，Goldman Sachs 和 General Atlantic（美国加利福尼亚州以技术为中心的私募基金）也作为 FI 参与其中，Micron 作为 SI，进行现物投资并获得预付金和后续手续费。

（5）WiLAN

主要业务是无线领域研发以及生产相关产品，但是现在所有收益都是通过 IP 许可来产生。[34] IP 基金规模预计为 7500 万美元，2008 年为 2500 万美元，利润是 1000 万美元，据说还有 864 件美国专利。[35]

---

[34]　IP monetization 2010 & Beyond，Peter D. Holden，2013. 3. 30.

[35]　http：//www. patentfreedom/com/about – npes/holdings/. 2013. 11. 27.

WiLAN 的专利组合包括 WiFi、蓝牙、3G 和 4G 技术、DSL 以及 DOCSIS 技术、数字 TV 用 V – Chip 技术等。2012 年，从西门子获得了无线网络领域的 40 件专利以及从 Alvarion 公司获得 150 多件专利。2012 年针对苹果、HTC、Sierra Wireless 公司，以侵权 LTE 技术和 3G HSPA 技术专利为由提起了诉讼，又针对 RIM 公司以侵权蓝牙技术专利为由提起过诉讼（见表 5 – 9）。❸❻

表 5 – 9　WiLAN 的财务报表

项目	1995 年	2000 年	2005 年	2010 年
许可收入/万美元	Pre – IPO	111. 6	44	4689. 5
其他收入/万美元		6227. 5	243	383. 0
研发投入占比/ %		11. 81	36. 649	7. 438
税前利润/万美元		1803. 8	2577. 4	2077. 2
现金流和短期投资/万美元		1385. 2	370. 6	10705. 1

资料来源：IPat Kennedy，Play the game，Issue 53 May/June 2012.

（6）Rockstar

Rockstar Consortium（曾用名 Rockstar Bidro）是 2011 年 Nortel 破产时获得其专利的一家公司。苹果、微软、RIM、爱立信、索尼共同拥有该公司，总共投资 45 亿美元，获得 6000 多件 Nortel 的网络、通信、互联网技术相关专利，其中就包括了苹果的 26 亿美元。2012 年苹果从 Rockstar 购买了 1204 件专利，强化了移动通信专利组合。❸❼ 共同所有者分获了核心专利的一部分，其余用于攻击其他竞争对手。

（7）IPCom

IPCom GombH & Co. KG（以下简称"IPCom"）在 2007 年从博世收购了移动通信技术相关的专利组合，进行许可活动。公司位于德国，从 Fortress 公司获得投资。❸❽ 针对诺基亚提起了赔偿额为 178 亿美元的专利侵权诉讼等，经常以移动通信企业为目标进行 IP 诉讼。❸❾

现在 IPCom 持有 1200 多件专利组成的专利组合，其中包括了 2.5G

❸❻　http：//www. ipcheckups. com/npe – tracker/npe – tracker – list/#wilan.
❸❼　http：//www. ipcheckups. com/npe – tracker/npe – tracker – list/. 2013. 11. 27.
❸❽　http：//en. wikipedia. org/wiki/IPCom_ GmbH_ %26_ Co. _ KG.
❸❾　http：//www. theregister. co. uk/2010/01/19/ipcom_ patents/.

（GSM／GPR0）、3G（UMTS）、LTE 领域的标准专利。❹

3. PAE 和 IP 基金的复合形式

通常情况下，PAE 从 IP 专门基金获得投资，包括购买专利权的资金和货币化活动中所需的诉讼费用以及运营费用。

（1）IP Navigation

IP Navigation 是号称"专利货币化全流程服务"的公司，与其他 NPE 不同，不是以转移专利所有权人的所有权方式进行 IP 货币化活动。根据 RPX 的 NPE 活动报告书，2012 年提起了 305 件诉讼，诉讼目标企业达 357 个。

Erich Spangenberg 是 IP Navigation 的创始人以及所有人，他曾担任律师事务所合伙人以及投资银行高管，1998 年他担任 Smarttalk Teleservices 公司的 CEO，并开启了其极受关注的 NPE 商业史。IP Navigation 不转移专利权人的所有权，为客户提供专利货币化一站式服务，还以专利权为担保，为专利权人提供资金，因此得到了飞速发展。❹

（2）Rembrandt

Rembrandt 追求非常具有攻击性的专利货币化战略，2000 年以后共提起了 23 次诉讼，仅 2009 年就有 3 次。Rembrandt 从发明人手里获得专利组合后，通过主张专利权获得收益。❹

Rembrandt 基金规模是 1.5 亿美元，利润并没有公开。2013 年 11 月，持有 120 件美国公开和授权专利。❹

（3）IP Value

2001 年成立于 General Atalantic 和 Goldman Sachs 的合资公司 iFormation Group 内部。2002 年与 BT 合作开启了 IP 货币化活动。作为 IP 顾问以及专利交易中介者向 BT、Xerox、PaloAlto Research Center、Multimedia Patent Trust、Round Rock Research 等制造企业以及 NPE 提供服务。❹

专利出售和许可中，总共成交了 10 亿美元以上的交易，通过与主要技

---

❹　http：//fosspatents. com/2013/06/patent – firm – ipcom – settles – with – t – mobile. html.

❹　Jack Ellis，You can call me troll，Intellectual Asset Management Jan. Feb. 2014.

❹　IP monetization 2010 & Beyond，Peter D. Holden，2013. 3. 30.

❹　Focust DB 检索 . 2013 年 11 月 27 日。

❹　http：//www. ipvalue. com/company/.

术企业维持多年的独占性关系，对 15000 多件同族专利进行商业化运作。❹

4. 其他

此外还有 ARCA fund、Juridicia、Katz – RAK Technology、Paradox Capital、Techquity、Turble Bay 等企业。

（二）攻击性企业基金

不仅包括财务性投资者（FI）为主的基金，还包括战略性投资者（SI）的基金，通过攻击性 PAE 活动创造收益。

1. 高智（Intellectual Ventures）

2000 年成立的高智是具有代表性的攻击性 IP 购买企业，总部位于华盛顿贝尔维尤市，微软 CTO 出身的 Nothan Myhrvold 和 Edward Jung、Intel 出身的 Peter Detkin、Perkins Coie 共同创立。

该公司由发明家集团以及专利专家、法律专家、企划专家等组成。高智拥有各个技术领域的发明人员，其特征是通过投资开发创意点，挖掘个人想法，形成发明创造，再进行运营的模式。❹

到目前为止高智获得了 50 亿美元的资金。苹果、谷歌、Intel、微软、Cisco、诺基亚、索尼等作为战略性投资者参与其中。JPMorgan Chase 银行、McKinsey & Company 等基金和美国主要大学以及个人财团作为投资者，包括 Rockefeller 财团、Bush 财团、William and Flora Hewlett 财团等金融投资者（FI），宾夕法尼亚大学、康奈尔大学、布朗大学、西北大学、明尼苏达大学、南加州大学等美国主要大学也作为投资者参与了该基金。❹

签订许可协议的公司成了高智的投资者。也就是技术相关制造企业为了避免高智的潜在专利诉讼，同意支付许可费用，并投资高智的基金或股票。❹

2. InterDigital

该公司是一家许可音频和数据传输相关无线数字技术的研发公司。专利组合包括 2G、3G、4G、IEEE 802 相关的标准必要专利。2012 年 9 月，以 3.75 亿美元向 Intel 出售了 1700 多件专利。2013 年 1 月，针对华为、诺

---

❹ http：//www.ipvalue.com/company/.

❹ 정연덕, 특허기술거래 활성화를 위한 Invention Capital도입 필요성 검토, 특허청, 2008.12, 4-5면.

❹ http：//news.mk.co.kr/newsRead.php? sc = 60100119&year = 2013&no = 48212, 2013.12.17.

❹ 서주원, 한국 지식재산 서비스 산업 현실과 향후 전망에 대한 조사 연구, 특허청 2009.12, 26면.

基亚、三星、ZTE 等在 ITC 提起诉讼。❹ 据说持有 3542 件美国专利（见表 5 - 10）。❺

表 5 - 10　**InterDigital 的财务报表**

	1995 年	2000 年	2005 年	2010 年
许可收入/万美元	6739.3	5124.4	14110.0	37020.0
其他收入/万美元	1726.2	563.4	1902.5	2434.5
研发投入占地/%	14.33	46.0	43.79	18.12
税前利润/万美元	4043.6	929.9	2025.1	23844.7
现金流和短期投资/万美元	6448.7	8898.7	10570.8	54166.9

资料来源：Pat Kennedy，Play the game，Issue 53 May/June 2012.

3. Conversant（Mosaid）

该公司以存储器和半导体制造为主要业务，当前所有收益来自许可。主要被许可人是富士通、NEC、东芝、诺基亚、松下、三星、LG 等，推测持有 2023 件美国专利。❺❺

IP 基金的规模预计约为 1 亿美元，2009 年基准收益为 6250 美元，主要的技术领域是 DRAM、无线、通信领域。加强在存储器领域的研发投入，同时为了强化专利组合，从外部引进专利。❺ 2013 年 9 月把公司名从 Mosaid 改为 Converant（见表 5 - 11）。

表 5 - 11　**Mosaid 的财务报表**

	1995 年	2000 年	2005 年	2010 年
许可收入/万美元	—	4704.4	4974.3	7111.0
研发投入占比/%	—	39.219	15.359	4.182
税前利润/万美元	—	283.0	1397.4	3342.1
现金流和短期投资/万美元	—	3114.7	6586.4	9780.9

资料来源：Pat Kennedy，Play the game，Issue 53 May/June 2012.

---

❹　http：//www.ipcheckups.com/npe - tracker/npe - tracker - list/. 2013.11.27.
❺　https：//www.patentfreedom/com/about - npes/holdings/. 2013.11.27.
❺　http：//www.ipcheckups.com/npe - tracker/npe - tracker - list/. 2013.11.27.
❺　https：//www.patentfreedom/com/about - npes/holdings/. 2013.11.27.
❺　IP monetization 2010 & Beyond，Peter D. Holden，2013.3.30

4. Rambas

该企业曾是制造企业，现已转变为技术开发和许可企业，主要开发高速存储器芯片，最近几年关注 DDR - SDRAM 领域的标准专利。2012 年，在与 SK Hynix 之间的专利诉讼中获得胜诉，但 2012 年 11 月与 Micron、SK Hynix 之间 40 亿美元规模的反独占诉讼中败诉。2013 年 1 月，被法院以资料废弃为由，判决为无法向 Micron 主张 12 件专利的使用费。目前持有 1566 件美国专利（见表 5 - 12）。❺❹❺❺

表 5 - 12　Rambus 的财务报表

	1995 年	2000 年	2005 年	2010 年
许可收入/万美元	Pre - IPO	3262.8	2687.6	32015.5
其他收入/万美元	—	3968.3	13032.2	323.5
研发投入占比/%		15.90	15.10	28.667
税前利润/万美元		13879.4	3876.1	20804.4
现金流和短期投资/万美元	—	12222.0	16080.7	51200.9

资料来源：Pat Kennedy，Play the game，Issue 53 May/June 2012.

5. Tessera

通过开发一揽子芯片级以及晶片级、硅级连接体以及 3D 打包、无噪音空气冷却等小型化技术并进行许可。通过子公司 DigitalOptics 开发移动通信的摄像头和图像改善技术。2013 年 1 月，完结了与 SK Hynix 之间 8 年的专利许可协议。❺❻ 目前持有 1324 件美国专利。❺❼

2012 年 12 月 31 日，Tessera 的总销售额为 2.34 亿美元，Tessera IP 领域销售额呈现持续减少的趋势（见表 5 - 13）。

表 5 - 13　Tessera 销售额结构以及趋势　　　　单位：万美元

销售	2010 年	2011 年	2012 年
知识产权部门：			
使用费和许可手续费	26403	21341.2	16809.7
过去生产手续费	—	—	2472.9

❺❹　https：//www.patentfreedom/com/about - npes/holdings/2013.11.27.

❺❺　http：//www.ipcheckups.com/npe - tracker/npe - tracker - list/2013.11.27.

❺❻　http：//www.ipcheckups.com/npe - tracker/npe - tracker - list/2013.11.27.

❺❼　https：//www.patentfreedom/com/about - npes/holdings/2013.11.27.

续表

销售	2010 年	2011 年	2012 年
产品以及服务销售	—	—	6.6
整体知识产权销售	26403.0	21341.2	19289.2
Digital Optics 部门:			
使用费和许可手续费	1559.3	2378.9	1442.4
生产以及服务销售	2177.0	1737.5	2670.7
全体 Digital Optics 销售	3736.3	4116.4	4113.1
全体销售	30139.3	25457.6	23402.3

资料来源: Lee Jinyeong, IP Commercialization Term Paper, 2013.

2013 年第三季度 Tessera IP 领域销售额为 32.4 亿美元, 与前一年度同期相比, 从 57.9 亿美元下降了 25.5 亿美元, 这是由于 2012 年 5 月到期的 Micron Technology 和 2012 年第三季度最后支付给 Powertech Technology Inc. (PTI)。

图 5 - 7 表示 2004 ~ 2012 年 Tessera 的 IP 销售额和诉讼费用。2006 ~ 2012 年诉讼费用逐渐增加, 许可费用在 2009 年到达顶峰, 2010 年之后持续减少。

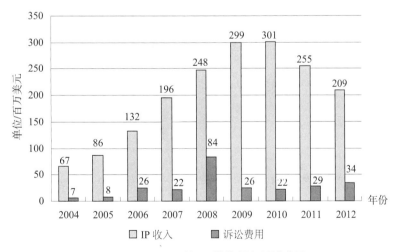

图 5 - 7　Tessera 的 IP 销售额和诉讼费用

资料来源: Lee Jinyeong, IP Commercialization Term Paper, 2013.

（三）基于研究的 NPE/IP 孵化器

广义的 NPE 是持有专利但不直接实施，以研发为原始功能的主体。最近，NPE 商业模式比较受关注，利用 IP 进行货币化活动越来越多。其特征以各国政府的研究机构研发成果为对象，积极推进 IP 货币化战略。

1. ITRI

ITRI（Industrial Technology Research Institute）成立于 1973 年，是持有 10000 件以上专利的中国台湾代表性研究机构，目前居于世界代加工企业第一位、第二位的 TSMC 和 UMC 也是 1987 年、1980 年通过从 ITRI 获得技术转移成长为跨国企业。[58]

2010 年在美国针对三星电子提起了 7 件诉讼，[59] 2012 年针对 LG 电子提起诉讼[60]。

2. ETRI

成立于 1976 年，在信息、通信、电子、广播等技术领域开发产业基础技术的世界一流研究机构，其拥有的专利量占据世界第一位。

ETRI 在 2008 年，针对索尼、爱立信、HTC 等在美国提起过诉讼，现在从 ETRI 获得一部分专利实施许可权的 SPH America 代替 ETRI 从 2009 年至今针对宏基、苹果、AT&T Mobility、华为等企业进行过诉讼。ETRI 利用自身研究开发的高质量专利，通过诉讼和许可项目获得了相当规模的收入。

3. IP Create

2014 年初，以 IBM 的"专利工厂"（专门开发专利的部门，隶属于 IBM）部门的负责人约翰·克罗宁（John Cronin）为主成立了发明开发公司 IP Create。他们根据技术企业的需求，在专利发明阶段临时申请后，以 10 万美元的价格出售发明。

IP Create 的优势是收购现有技术检索公司 AOP（Article One Partner）后，可以在内部过滤存在无效风险的 IP。IP Create 的发明过程是从技术企业客户圈定需求发明，在内部通过集体研讨的方式选出数百个发明方案后，从数百个创意中由 AOP 进行专业的现有技术调查，过滤后留下数十个创意，

---

[58] http：//www. hankyung. com/news/app/newsview. php？aid＝2010053108381.

[59] http：//m. hankyung. com/apps/news. view？category＝general&aild＝2010060264641.

[60] http：//finance. daum. net/rich/news/finance/photo/MD20130917163310788. daum.

进行专利临时申请后，向顾客提出销售提案。

最终，成功销售的 IP 就可以继续推进货币化。未销售出去的申请专利，可以后续向其他企业销售或以低廉的价格销售给技术公知专门企业。

4. WARF

WARF（Wisconsin Alumni Research Foundation）作为威斯康星大学的民间、非盈利技术转移组织，自成立之后，创造了 8 亿美元以上的许可收益。2012 年 12 月，针对 WH Nutritionals 和 Virtus Pharmaceuticals 公司以侵权食品调味剂甲酸钙相关专利为由提起了诉讼。[61] 而且，WARF 运营由美国国债、美国股票、海外股票、私募基金等组成的 24 亿美元资产，2012 年 9 月末，WARF 的年平均收益率达到了 17.09%，过去 10 年间年平均收益率是 11.22%。到目前为止支付了 12.4 亿美元，用于大学研究活动。[62] 2015 年 10 月，美国威斯康星州西部联邦地方法院陪审团认为苹果公司侵权威斯康星大学持有的手机芯片相关专利权，有可能苹果公司要赔偿 8.624 亿美元。[63]

5. 其他

此外还有 Credit Suisse、Deutsche Bank、GE Licensing、IPGest、Chiron（biotech）、Columbia University、Stanford、Independent Investors 等 NPE。

（四）防御战略的企业基金

该模式是以为会员企业在高智、Acacia 等 NPE 的攻击中提供保护，获得收益的商业模式。

1. RPX Corporation

2008 年成立于美国圣地亚哥，从风险投资公司 Kleiner Perkins Caufield & Byers 和 Charles River Ventures 公司获得了资金。[64] CEO 是高智的许可专家 John A Amster，会员企业有三星电子、LG 电子、Cisco、索尼、诺基亚、惠普、IBM、飞利浦等。具有以盈利为目的的代表性专利防御模式，成立初衷是最大限度地降低 NPE 导致的专利风险和费用，通过购买纠纷中的专

---

[61]　http：//www.ipcheckups.com/npe – tracker/npe – tracker – list/#warf.

[62]　http：//news.mk.co.kr/newsRead.php? sc = 60100119&year = 2013% no = 48214，2013. 12. 17.

[63]　http：//www.zdnet.co.kr/news/news_ view.asp? artice_ id = 20151014160212.

[64]　Tomoya Yanagisawa and Dominique Guellec，The Emerging Patent Marketplace，2009. 9，pp. 43 – 44.

利，帮助会员企业解决纠纷。[65]

抢先获得 NPE 持有的危险专利，减少专利权行使带来的风险。根据会员公司的分析购买有诉讼危险的专利，根据加入期限的长短，为会员企业提供 RPX 持有全部专利的有期限许可或者永久许可。会员公司没有对 RPX 进行过投资，因此不会反映特定会员企业的意见。也就是说不用受到"关联交易"的限制，可以只与会员企业进行特别交易。[66]

会员企业不会利用持有专利进行专利侵权诉讼，只是根据企业规模确定年费。年费根据会员企业的营业利润规定在 4 万 ~ 520 万美元，持有 3 年以后可以永久许可，2 年以后赋予以购买价格的 50% 以内购买永久许可权的权利。[67]

目前该组织共有 130 多个会员企业，三星电子、LG 电子、SK Hynix、谷歌、Intel、微软、索尼等世界性 IT 企业都是会员。Best Buy 等流通公司也成了会员企业。2012 年，前 3 季度销售额为 1.46 亿美元，其间纯利润是 3480 万美元，利润率为 23.8%。2009 年仅仅 3280 万美元的销售额，而到了 2011 年增长至 1.54 亿美元。[68] 但是最近，随着会员的增长率减缓，除了防御性专利购买之外，还在寻找更多的收益模式，比如购买收益性专利或尝试中介业务。最近 RPX 收购了 NPE 数据库 PatentFreedom 和证据开示管理公司 Inventus，试图扩大业务领域。

2. AST

AST 与 RPX 不同，收取相对低廉的年费，入会费为 15 万美元，此后年费基本固定于 20 万美元。目前为止，AST 拥有 23 个会员企业，完全是根据会员企业的利益关系购买专利，IBM、惠普、飞利浦、Cisco、Intel、Oracle、索尼等 23 个会员公司都是理事会的成员。以防御目的买卖专利，有些专利的投资回报率达到 10%，最大可以创造 3 倍以上的利润。虽然收到无数专利购买的提议，但需要进行严格的确认，选出防御目的的专利，也就是确认 15000 多件专利之后，其中选出 5%，再经过全面分析之后购买了其中的 1.5%。目前为止，购买的专利为 1100 件。[69]

---

[65] 서주원, 한국 지식재산 서비스 산업 현실과 향후 전망에 대한 조사 연구, 특허청 2009.12,22-23면.

[66] RPX（http：//www.rpxcorp.com/），2010.10.05.

[67] RPX（http：//www.rpxcorp.com/），2010.10.05.

[68] http：//news.mk.co.kr/newsRead.php？sc=60100119&year=2013&no=51155，2013.12.17.

[69] http：//news.mk.co.kr/newsRead.php？sc=60100119&year=2013&no=51155，2013.12.17.

（五）IP 服务企业

为 NPE 商业启动提供必要基础服务的企业。IP 服务企业通常情况下，也有其他类型的 NPE 商业。

1. 中介业务

美国运营中的中介企业有 100 家，韩国有 20 家，欧洲有 50 家左右，日本有 20 家。例如，美国有 IP Value、Pluritas、Global IP Law Group、Ocean Tomo、Transpacific、Inflexion Point、ThinkFire、IPotential Ocean Tomo 等，日本有 PJ Parker& Co 等，韩国有 edresearch、P&IB、IP TnA 等。

2. 代理许可

美国代理许可企业有 PAPST Licensing、Pluritas、Mosaid、UTEK、Aca-cia Technologies、General Patent Corp 等。韩国有 Delta IP 等。

三、各国和地区的动向[70]

（一）市场型

美国

被称为第一家 NPE 的高智是微软等美国企业投资成立的企业，也位于美国。而且，成为投资对象的多为美国专利，诉讼大多也发生在美国。

美国已形成较为完善的 IP 商业交易市场，因此不像亚洲或欧洲国家，需要政府推出激活 IP 商业的引导政策。但是，过度的 NPE 活动反而影响制造企业变革，美国发明法案（America Invents Act，AIA）为了监管这种情况，准备发布一些制度，引导专利品质的提升以及增加 NPE 运营成本。奥巴马政府发布了 NPE 监管行政命令，国会也提出了 SHIELD Act、Patent Quality Improvement Ac、End Anonymous Patents Act、Vermont Patent Troll Act、Patent Abusc Rcduction Act 等法案。

（二）政策型

1. 日本

2013 年 7 月，日本代表性政策基金产业创新机构（Innovation Network Corporation of Japan）、Panasonic、Mitsui & Co 等联合起来以 3000 万美元初

---

[70] Miyuki Monroig and Patrick Terroir，Intellectual Asset Management July/August 2012.

期投资额，以未来创造 3 亿美元为目标成立了 IP Bridge。IP Bridge 的目标是购买日本企业持有的专利，将这些许可给其他日本企业。**⓻**

持续数十年的日本经济低迷大背景下，日本企业在家电领域的国际竞争力弱化，日本企业持续陷入经营困难中，不得已将高质量 IP 出售至国外。日本政府成立 IP Bridge，希望防止 IP 的海外流出。

此前，日本政府也一直进行 IP 投资。最初在 2010 年 8 月成立了日本专利基金——生命科学 IP 平台基金（Life – Science Intellectual Property Platform Fund，LSIP），主要投资者是产业创新机构。生命科学 IP 平台基金的目标是聚集各个大学和研究所的专利，形成专利组合并许可给企业，为开发新产品和发明创造提供帮助。目标领域是生命标记物、干细胞、癌症、老年痴呆等生命科学研究领域。

日本大学专利运营的总收入仅仅是美国大学收入的 1%，因此许多政府官员和学者担心这种现象会降低日本在世界市场上的竞争力。**⓼**该基金在"再次激活产业以及创新的特别法律"下经过 15 年才得以成立。产业创新机构投资 600 万美元，日本大型制药企业每年各投资 30 万美元。

生命科学 IP 平台提供两大服务。第一是从大学和研究机构获得专利，形成专利组合，评估潜在价值，个别情况下从市场购买专利形成专利组合。形成专利集群后，将该集群许可给企业，同最初参与者共同分享产生的收益。从而防止外国企业购买日本大学的专利。

第二是"IP 孵化"。生命科学 IP 平台以支付申请费用、海外申请、强化当前专利的追加研发费用等代价获得利用专利的独占权。专利被许可后，生命科学 IP 平台可以获得部分使用费。日本的产业创新机构为了防止日本的 IP 流出，又成立了 IP Bridge，最近与 TCL、Broadcom 进行诉讼。

2. 中国

中国有两个主要的 IP 基金。成立于 2010 年 9 月 14 日的中国 IP 银行和 2011 年 6 月 11 日成立的天津滨海国际知识产权交易所（以下简称"滨海 IP 交易所"）。中国的国家中长期科学和技术发展规划纲要（2006~2020 年）将科学、技术、金融的融合以及技术开发成果的货币化作为主要目标。

⓻ Asia's patent funds' who they are，what they do，iam blog 2013. 8. 23.
⓼ 인텔렉추얼 디스커버리, 아이시스특허사무소, IP펀드와의 전략적 파트너십, 2012.7.

Infinity Group 在 2010 年 9 月 14 日宣布了中国 IP 银行的成立。中国 IP 银行由以色列大企业 IDB 和国家开发银行共同创立，另外还有 3 个中国和以色列的企业参与。以购买企业、品牌以及 IP 的形式在医疗器械、农业用水、绿色能源、原材料等领域开展 IP 商业化活动。

IP 银行的资本来源分为两种，国家开发银行投资 20 亿元人民币，其余 700 多万美元由世界各地投资者投资。该银行共有包括中国和以色列专家在内的 90 多个部门。

中国 IP 银行发掘以色列企业的 IP，将这些 IP 销售给中国企业，通过这种方法参与企业的成长和产品开发。根据 Infinity Group 相关人员介绍公司不是单纯地销售专利来获取利润，而是收集国际 IP，为中国企业的走出去提供帮助，分享这种结果才是重点。❼❽

其次还有滨海 IP 交易所，成立的目的是发展新型的 IP 交易，提升应用科学的利用等，为中小企业提供以低廉价格进行技术转移的平台。天津知识产权服务中心获得鑫正泰和新加坡中鼎盛世国际投资的投资，而且与包括中国花旗银行以及 5 家中国其他银行、律所、10 多个评估企业结成了战略性合作关系。

滨海 IP 交易所进行 IP 权利交易、为其他企业的 IP 权利进行民间企业的股份交易、以 IP 为基础的股权（equity）投资和金融衍生商品的交易等。❼❺ 最近北京市政府与中国企业（小米、TCL、Kingsoft）合作成立了专利购买基金。基金的规模为 5000 万美元，在 2 年内共分 3 次进行投入。该基金主要由智谷负责，主要进行专利购买。2016 年小米收购了智谷。

3. 法国

法国主权专利基金 France Brevets（FB）成立于 2011 年，是欧洲唯一一家投资于专利资产的专利运营机构，截至 2016 年初，其 IP 基金规模为 2 亿欧元。它通过投资、运营专利资产获得收益，并与专利权人或其他合作伙伴分享收益。目前它的合作伙伴主要是法国国内的中小企业、大学和公共研究机构等创新实体。France Brevets 通过对专利资产的投资和运营，为

---

❼ Miyuki Monroig, patent funds, Intellectual Asset Management July/August 2012.

❽ http://www.iam - magazine.com/blog/Detail.aspx? g = 87902868 - 1d0e - 4bad - 999b - 6ac09f533613.

❺ 손수정, 창조경제를 촉진하는 IP금융 기반 구축, 2013.9.15.

上述创新实体带来更多收益，以帮助它们做出更多、可持续的创新，从而促进经济、产业的良性发展。它的核心运营团队均来自工业界，比如来自原 Thomson 公司的专利运营专家。

France Brevets 于 2012 年，也就是在它成立 1 年之后，联合法国电信和另一家中小企业——Inside Secure 公司，正式推出了第一个专利池许可项目——近场通信（Near Field Communication，NFC）专利许可项目。Inside Secure 公司是一家中小企业，在 2000 年前后为 NFC 技术的发展作出了重要贡献，但是此后它并没有在 NFC 芯片市场上取得相应的成功，因此未能补偿此前在 NFC 技术研发上的巨额投入。在自身不具备专利运营能力的情况下，Inside Secure 选择了和 France Brevets 合作。2014 年，FB 与 LG 达成了全球许可协议；2016 年，France Brevets 又先后与索尼、三星电子和 HTC 达成全球许可协议。

4. 韩国

2010 年，韩国成立了两个基金，即 IP Cube Partners 和 Intellectual Discovery。

Intellectual Discovery

Intellectual Discovery 从企业和投资机构获得资本，以 4 种商业模式为中心经营业务。具有对需求企业进行许可的 IP 许可业务、当前标准专利池或者以建立标准专利池为目的的标准专利池业务、通过会员制服务为企业提供纠纷应对专利以及咨询服务的 IP Pool 业务、向企业或创业者提供商业化过程中需要的核心 IP 和资金的 IP 技术运营等核心商业模式。2012 年，又成立了 IP 基金专门运营公司 Idea Bridge、IP 中心的风险投资专门公司 ID Ventures 等子公司。

IP Cube Partners

2009 年，基于母基金出资的 KDB 专利运营基金投资 245 亿韩元而成立。❼ 购买发明技术进行申请，经过企业投资和战略性投资者的同意购买专利，进行专利许可以及出售，创造收益。

IP Cube Partners 在 2009 年末获得母基金的支持，与部分企业以对等基

---

❼ 고정식, 지식재산 경영의 미래, 한국경제신문 한경 BP, 151면.

金的形式获得资金而成立。该基金的投资策略、结构、投资者参与形式与其他基金大同小异，只是附有投资对象需向 IP 专门企业投资所有资金的70% 以上的条款。

投资结构是投资初期资金的集团中被称为 FI 的财务性投资者银行以及证券公司，被称为 SI 的战略性投资企业组织一同作为有限责任合伙人参与其中，还将投资母基金支援资金的特许厅规定为特别成员。具有管理投资者资金的责任以及承担无限责任的成员被称为普通合伙人，在 IP Cube Partners 中，产业银行担任这个角色。

Intellectual Discovery 进行许可、标准专利池、技术商业化、中小企业专利池（SME IP Pool）等业务。成立 3 年内，在新型原材料、智能汽车、能源等相关技术领域中从国内外专利供给者购买了专利。

在韩国国内，为中小型企业提供会员制服务的层面上，也进行许可以及咨询的 SME IP Pool 业务。Intellectual Discovery 成立了在金融方面具有专业性的子公司，在结合专利和金融这一点上与其他跨国专利专门企业有所差别（见图 5 - 8）。

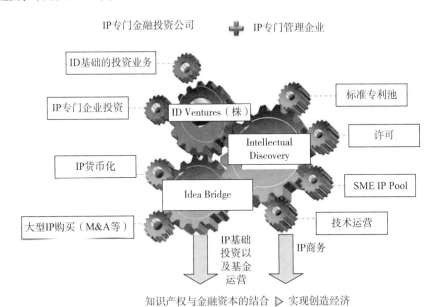

图 5 - 8 Intellectual Discovery 集团的协同合作

资料来源：Intellectual Discovery 发表资料，2014。

IP 专门资产运营公司 Idea Bridge 进行的 IP 基础 SLB 业务在金融市场

上逐渐确定为 IP 金融的主要形式，正在进化为 IP 特性比例更高的更加完善的 SLB 模式。IP 专门创业投资公司 ID Ventures 以 IP 基础开展创业投资业务，这 3 个集团的形成能够发挥母公司和子公司间的协作联动作用。

5. 中国台湾

多数中国台湾地区的科技公司都曾被外国公司因专利侵权为由起诉。根据"国立交通大学"的技术机构的研究，2002 ~ 2010 年，在美国关于 LCD 屏幕相关的诉讼中，80% 与中国台湾企业有关。2011 年，苹果以智能手机专利侵权为由，向 HTC 提起了诉讼并获得胜诉。

为此，中国台湾的"工业技术研究院"（Industrial Technology Research Institute，ITRI）在 2011 年 11 月成立了 IP 银行。中国台湾地区 IP 银行在国际 IP 相关诉讼中以保护企业为目的，为企业新的开发活动提供支持。目前其关注的领域为智能手机和 LED，并逐渐扩散到生命技术和环境创新领域。

中国台湾地区 IP 银行与亚洲其他 IP 基金稍有不同，为了更有效率地运营，基金主要由市场主导，政府并没有参与。

另外，中国台湾地区相关机构于 2011 年 8 月 16 日成立了医学技术基金，这是为了强化台湾地区的生物医药产业，建立具备国际水准的先进企业。该基金支援心脏病、糖尿病、失眠症、肥胖、末梢神经障碍、运动神经疾病、远程治疗、看护管理等研究。和日本相同，中国台湾更注重具有发展前景的领域，而不是当前最强的领域。

中国台湾的医学技术基金在 2011 年末募集 1.72 亿美元，其中政府出资占 20%、准公共机构和公共银行出资占 20%、民间企业出资占 60%。

第 *6* 章
IP 金融活跃的条件——基础设施

一、IP 价值评估实践

（一）根据交易目的的多种价值评估和热点

一直以来，专利价值评估目的多种多样，在专利行业主要分为以下几种情况。①为了测算专利交易（通常的专利交易中，专利价值包括专利的许可收益）过程中的价格；②作为企业贷款的担保对象；③专利诉讼中要求损害赔偿时，测算赔偿额；④企业并购或结构调整时，对该业务部门持有的 IP 资产进行计评估。

一般来说，需要通过许可费、市场、成本等方面进行 IP 价值评估，测算出具体金额，在 IP 交易中，需要对经济价值和权利性同时进行评估。对特定 IP 资产的价值评估，根据不同立场、不同用途或者不同角度，其评估结果会完全不同，所以需要明确规定此项。❶

专利交易是双方当事人之间的交易，因此具有隐私性，一般希望在非公开的情况下进行。但是也可以从上市公司公布的公示文件或者宣传资料中获得大型专利交易的信息，这些信息显示的一般都是已成交的交易，不具有公开义务的交易通常不会公开，因此看起来交易次数较少，但实际成交要多一些。未公示的非上市企业间专利交易或大学、研究所与 NPE 之间的专利收益活动被曝光之前是很难被获悉的，只有成交之后才有可能对此进行确认。但是少数专利在交易之前仍需要通过收集购买专利以及出售专

---

❶ 고영희 등, 지식재산전략, 한국발명진흥회, 2011.5.30.

利的潜在购买者相关全面的尽职调查，以最准确的信息分析来制定购买战略或者出售战略。

专利交易的成交价格由购买者和出售者通过协商确定。根据情况不同，专利交易所需的时间短则一天，长则需要很多年，大多数交易都是根据第三方机构出具的专利价值评估报告书中提示的价格来进行协商和调整，签订专利交易协议等传统流程在专利交易形式中并不是必需的。在 IP 交易市场上只要交易双方对交易价格达成一致，交易就可成交。另外，失败的交易中，大多由于 IP 的质量比预估值低，购买者和出售者对利用度方面的观点不一致，以及评估金额不同等原因导致。虽然 IP 交易市场上仍然存在各种不利因素，但 IP 就像待售的商品一样，仍然吸引着大批潜在的购买者和出售者。

通常的专利交易为了实现成交，购买者和出售者在价格上必须达成一致。那么，为了达成"一致"，就会出现专利交易价格到底由谁来定、怎样评估、评估金额是否具有可实现性、是否是可接受范围内价格等问题。

企业（专利专门企业或者制造业企业）进行专利交易时所进行的价值评估，与中小型企业为了通过专利权质押从投资银行获得业务所需的资金而进行的价值评估，以及在法院专利侵权诉讼中，专利权人为了向侵权人主张损害赔偿额进行的专利价值评估，根据不同的观点，其评估额和评估方法会有所差异。那么就有必要研究由于目的不同，导致不同类型的价值评估。

1. 根据不同专利交易主体的价值评估

交易双方是制造业企业（如惠普、IBM 的专利出售）的情况下，根据购买者买入该专利后如何利用，评估方法会有所不同。购买者通过内部分析以及评估，希望以低廉的价格购买，但出售者的价值评估额是根据理论上的评估方法测算出来的金额，所以很多情况下最终的交易金额与上述两个金额有很多差异。作为典型的价值评估方法，除了税金问题或正当交易法上规定的情况之外，市场侧重、收益侧重、费用侧重等理论上的评估方法很少使用。其理由是，根据上述评估方法测算的金额与实际交易的金额之间并不存在紧密的联系，同时购买者的预期交易价格受投资回报的影响。而且，根据理论性价值评估方法中对专利"权利性"的分析和准确性与否，专利权的价值有可能变成"0"，也有可能是"很高的数字"。其实，企业作为购买者，购买专利的目的有很多，比如当前遭受竞争对手的专利攻击，急需从外部购买专利。例如，1990年韩国企业首次建立半导体企业时，就遭受主张存储器半导体技术的原始技术持有国的日本、德国以及美国企业的专利侵权诉讼。韩国企业为如何防御而苦恼的时候，美国有一些破产的高科技企业（例如，Wang Laboratories）希望将所持有的专利权放到市场上进行销售，正在寻找购买者。通过购买这些专利提起反诉，有效地逆转了需要支付高额专利费用的局面，这是IP行业内很知名的案例。尤其是LG电子不仅达成了反诉的目的，还通过对所购买专利的价值进行了提升以及重新调整，并针对外国企业进行了许可和收益活动。

如上所述，企业购买专利的目的不仅是为了覆盖未来开发的技术，还会在该技术领域中寻找原始专利或防御性专利，购买这些专利的情况非常之多。

随着NPE的活跃，即使是与企业推进的业务或技术没有关联性的专利，仅为了专利商业本身的收益性和业务上的战略性用途，进行购买或出售的情况也逐渐增加。美国的IP领先企业将这些专利商业作为主要货币化手段来推进。而且，为了强化本公司的专利组合，以增强专利纠纷应对能力，或提高本公司的技术支配能力，持续购买专利的企业也不少。

另外，作为出售者，销售专利一般在业务整体出售时，将相关的专利权打包进行销售，或企业破产时，销售专利资产。最近企业逐渐认识到专利是创造收益的资产，利用专利质押、专利售出并回授许可等形式的IP金融手段进行出售。

企业确认需购买专利权价值时，认为最重要的条件包括技术条件、战略条件、市场条件。

（1）技术条件

对使用可能性的明确凭证（Claim Chart/Evidence of Use）。专利权是法律上所允许的权利，其范围根据法律解释来确定。因此，专利的权利性评估是专利价值评估的核心前提。如果专利的权利性不高，专利的价值不应被过高评估。也就是进行价值评估的前提是对该专利权作为权利的稳定性和权利范围进行鉴定。对专利权的评估最好由该技术领域的专利专家和该技术领域中具有丰富经验的专利律师或专利代理人进行评估。这些专家对利用该专利的产品的存在与否以及专利的权利要求范围对产品侵权与否，可按各个项目制作权利要求表并进行分析。权利要求表更为委婉的表述是专利使用凭证（Evidence of Use）。购买者考虑到如果交易失败，比起未来有可能向自己追讨侵权责任的权利要求表，更希望使用"专利使用凭证"这一单词。即便如此，作为确认专利侵权的资料，两种表述具有相同的效果。综上所述，"权利要求表"比较市场上存在的产品或未来的产品与权利要求之间的关系，比较产品所具有的技术特征和权利要求所描述的技术特征之间是否满足专利侵权的"全面覆盖原则"，确认权利要求的各技术特征与产品的各技术特征是否吻合。

权利要求表是分辨专利使用与否的必备资料，可以说是专家之间相互分析内容时共享的基本资料。权利要求表的准确度越高，专利评估分数就越准确。完成权利要求表的评估之后，就要判断该专利的有效性，如果没有非常明确的资料，就很判断其是否有效，这时只能转而判断该专利"被无效"的可能性有多大，并在专利价值评估中反映出"被无效"可能性的程度。尽管一件专利的有效性往往不会非常明确，但是只要它在专利侵权方面得到高分数，那么该专利的交易性也会很强。

（2）专利技术规避的可能性

即使确认了该专利的侵权性，如果是潜在侵权人容易规避的技术，那么专利的价值也会下降。标准专利中，还需要确认该技术在标准文件中是"必须"项还是"可选"项，根据能否占据"必须"标准文件的一部分，在专利权的价值和交易价格上差距非常明显。作为典型案例，三星针对苹果的诉讼中，苹果的"滑页面告知最后一页的技术，又名 bounce back"专利技术❷，对开发操作系统的工程师来说是很容易规避的技术。该诉讼进行没多久，谷歌和三星的工程师立即通过"页面滑到最后一页时，通过颜色（现在从蓝色变为绿色）来表示的方式"完美地规避了该专利技术。为此苹果的一件专利永远无法在专利诉讼中发挥其能量。但是，即使是可规避的技术，企业进行规避设计的成本包括规避设计费用、推广产品竞争力下降、生产费用的增加与否、失去市场最佳投放期或者机会成本上升等，比专利交易费用还高的话，则会选择进行专利交易而不是规避设计。三星和谷歌预计与苹果的专利诉讼费用会比较高，因此选择了损失较少的规避

---

❷ 专利：List scrolling and document translation, scaling, and rotation on a touch – screen displa, US7469381B2.

设计。

因此，为了进行全面的专利价值评估，必须有该技术领域的专利专家（比起产品设计专家，在该技术领域中从事 5～10 年以上专利分析的专家，可以更全面地确认技术和专利法律，因此信赖性更高）参与其中。规避设计可能性与专利权利要求的权利范围具有密切的联系。即在该专利权利要求的技术特征中，只要删除或变更一项就可以摆脱侵权，但除了单纯的技术比较之外，根据专利法律层面的解释，还存在规避设计的部分是否属于等同侵权的可能性。

（3）侵权产品在经济方面的贡献度

专利侵权根据该专利对产品的必要性，即是无关紧要的简单技术还是必须存在且应用于主要功能上的核心技术，还是使用率较低的技术来判断专利技术的贡献度。以计算机为例，中央处理器和启动该中央处理器必需的 CPU 缓存（高速缓存存储器）和主要存储器，以及起到连接作用的总线驱动器，还有与输入装置和输出装置连接的总线驱动器，以及发挥指挥功能的芯片组相关的技术可以说是计算机的主要功能。但是与计算机的录入装置之一键盘或鼠标相关技术，辅助存储器串行接口相关技术等可替代技术的评估分数会有所不同。但是，评估技术贡献度需要非常谨慎，如果一流技术能够增加对该产品的消费需求，那么虽然在技术上是非核心技术，但经济贡献度巨大的话，需要综合分析贡献度。所以专利技术的贡献度不能根据整体产品中各个组成部分所持有单纯比例来评价。

专利技术在公司产品的竞争力强化方面（例如，节约生产成本、产品竞争优势、功能增加带来的营销差别化等），对公司的产品销售额增加和费用节约贡献度较高的情况比较多，因此需要一起考虑包括经济方面的技术贡献度。

2. 战略性条件

（1）市场上实施与否

最近在美国，国会收到了很多 NPE 监管法案，虽然这些法案不容易在国会获得通过，但显示出美国政府将会加强 NPE 的监管。对于法院来说，并不关注当事人是谁，只根据该诉讼专利是否在真实市场上进行实施，即是否是市场所需要的技术或在市场上实施与否，对损害赔偿额的测算起到重要作用。但是 NPE 许可给制造企业，该企业正在使用的话，应当看作进行了实施。而且，专利权人是制造企业的情况和大学、研究所等非制造企业时，可以依据专利法差别对待。

（2）专利使用产品的数量（越多价值越高）

使用专利的产品市场规模越大，又或者市场上产品的数量越多，专利价值则按比例上升。专利价值评估可以说是"专利本身的价值×该产品的数量"，根据该产品的数量，决定价值评估的金额。该产品的市场份额从损害赔偿额的节点开始计算至该产品在未来市场上的投放量，但未来的市场投放量很难预测。因为根据该专利技术的市场占有率和生命周期出现替代品的话，市场投放量会有所不同。在这里必须注意的是，根据该产品是部件还是完成品，专利费征收对象会有所不同，如果是完成品，部件生产企业以及完成品生产企业、销售完成品的销售者都需要承担专利侵权的责任，根据专利费用征收战略可以选择一个企业来支付专利费用，但是只要向部件企业或完成品企业、销售企业中任何一家征收专利使用费，那么对于使用该产品的完成品就无法再重复征收。也就是，假设侵权产品的部件和完成品中有一些部分是重叠的，适用对同一件专利无法重复征收专利费的"专利权用尽原则"。这一点在 LGE vs. Asustek、Quanta 的判例中再次得到确认。因此，评估专利价值时，不能重复计算该市场上使用产品的数量，判断关于该产品部件的专利，还是系统也就是完成品相关专利也是非常重要的因素。❸

根据专利的技术性层面以及撰写权利要求范围的过程中表达方式的差异，既可看作部件专利也可以看作系统专利。如果在美国侵权案件中，那么专利专家的意见非常重要，在专利价值评估中，专利专家的意见对于测算该专利可征收专利费用来说是非常有必要的因素。

作为另一个案例，如果只用手机内部摄像头模块相关的技术撰写权利要求书的话，这就是部件专利，即使行使了可以向使用该摄像头的手机制造企业主张专利侵权的选择性权利，该专利的使用费不能超过摄像头模块的供应价格。如果作为核心部件，利用该部件的产品和竞争产品相比，可以起到增加消费需求的作用，那么可以以完成品销售价格为标准测算专利使用费。这种情况下，在专利价值评估报告中，就是用该手机销售价格乘

---

❸ 배동석, 특허소모 원칙과 묵시적 실시권, 2004, 연세대학교 법무대학원 석사논문.

以专利费率，偶尔也会出现最终评估金额差异较大的案例。通常情况下手机价格在 500~700 美元时，摄像头模块的供应价格在 10~50 美元，在整机的平均价格的 10% 以内。根据专利的技术特征测算专利费用的结果会有很多差异，因此专利专家的精确分析是最基本的要素。

这与最近美国的判例法中，关于测算损害赔偿过程中反映"最小可销售单元原则"不谋而合，认为在侵权产品中最小单位的产品才能成为合理的专利费征收对象。将多种功能整合成一个数字芯片，手机的所有功能几乎整合到高通或英特尔等基带芯片和应用芯片，在广义上都确定为手机相关技术，在测算时都是用手机价格乘以一定比例的专利费率，而这种方式存在问题。也就是手机相关专利，根据属于操作系统软件还是基带芯片或应用芯片，其专利费的测算结果差异很大。

测算专利权人因专利侵权而受到损失的价值评估方法与传统的价值评估方法有很多不同。侵权的目标产品利用该技术仅占据了一定市场份额，而随着相关企业的赔偿案例的增加，对赔偿额的计算就会越容易，其测算准确度就会越来越高。

（3）已购买专利的限制条件

在专利交易中最不容易获得的信息就是出售者对欲出售专利的当前许可存在与否以及协议的内容。协议的内容中应包括协议专利的定义以及对应协议专利内容的许可产品的定义、许可条件以及限制条款，例如许可范围、区域、独占或非独占、销售限制、专用实施许可权（分许可权限）替代实施权限，最佳许可条款，预先支付与否、支付条件、担保与否等内容，这些信息综合起来叫"限制条件"。可以说是确定专利交易战略时最重要的信息，因此，所有信息都反映至专利权的价值评估额上，"限制条件"信息的正确与否对交易价格起到直接影响。而且，在法律上这些信息不正确时，根据法律担保条款，可以解除交易协议或者成为解约的诱因，可以将交易价格的一部分当作损害赔偿额。为了更加安全地处理这些问题，在实务上制作购买者和销售者之间明确的信息清单，对于这些相关信息重新确认。对于潜在的购买者，信息清单是购买该专利权之后要用的目标公司目录，可以让出售者提前确认许可与否。

交易之前，根据协议的保密条款，能否向潜在购买者展示协议条件，需要提前进行分析。在实际操作上，一般协议双方会就保密协议是否能提前许可进行协商，而这就需要权衡，除非双方关系十分融洽，否则大部分情况下都会拒绝。因此，即使邀请了提前许可，还是需要用"保密形式（Attorney's Eyes Only）开示"进行询问或向潜在购买者提供最少的信息的情况下，通过陈述以及担保条款让潜在购买者提前了解相关信息，从而确保交易安全进行。

3. 根据市场情况需要考虑的条件

（1）公开的专利交易或许可价格

通常所说的合理使用费是为了确定专利使用费，是使用专利的产品数量乘以单位金额或比例。按房地产市场来说，是一种公示价格。专利产品的销售数量会根据市场环境或不同企业的销售周期出现变化，但是使用产品数量乘以一定的比例属于协议条件，所以该协议条件到期之前无法变更。合理的专利费测算适用各国的专利法、民法、民事诉讼法等法律法规或者判例，美国专利法第 284 条和第 271 条适用于很多判例，还有美国 Georgia – Pacific 判例❹中整理的 Georgia Pacific 规则适用的情况较多。

但是 2013 年 4 月，在西雅图地方法院的 Motorola vs. Microsoft 案件❺中，James L. Robert 法官的判决结果展示了包括美国 IP 行业在内，世界范围内对于"FRAND 条件下标准专利"的价值评估中测算专利费时的新评估标准。该判决根据修订 Georgia Pacific 规则和专利费堆叠（Royalty Staking）❻ 理论，认为原告摩托罗拉所主张的 40 亿美元损害赔偿费用应为 200 万美元。❼ 这种专利费一般根据法院的判决，或者技术变化的需要，因此需要专利专家的确定和反馈，才能获得具有现实性的评估结果。

（2）诉讼的专利赔偿额

美国诉讼中关于损害赔偿额评估相关判例理论非常详细，因此参照相同或相近领域相关损害赔偿额是具有说服力的方法。

---

❹ Georgia – Pacific Corp. v. U. S. Plywood Corp. 446 F. 2d 295（2nd Cir. 1971）.

❺ Microsoft v. Motorola, Case No. C10 – 1823JLR（W. D. Wa, April 25, 2013）.

❻ Royalty Stacking, 即形成专利使用费的构成因素应从总专利数和总许可人中进行加减。也就是每个企业主张不同的使用费比例的情况下，例如假设碰到销售价格的 80% 需要支付专利使用费的情况，所以不能超越专利使用费结构的比例。

❼ 关于该理论的详细说明请参考判决书全文以及网络上的信息，在本书中不进行说明，但作为市场条件的价值评估，需要了解一下根据什么标准确定合理使用费，并对价值评估产生什么作用。

　　针对标准技术的诉讼专利，通常在该领域或类似领域的标准专利池协议条件中，参照各个企业公示的专利许可条件。

　　Microsoft vs. Motorola 判例中，标准专利池的专利总数和被许可人的数量，在该标准专利池中计算最终使用费时，引用专利费堆叠理论，成为当今美国侵权诉讼判例中普遍使用的方法。

　　在专利权的价值测算中，需要全面确认上述各种条件，测算该专利在实际应用时所带来的成本下降或收益，还要考虑到未来技术发展趋势、专利权利的判定以及趋势的权重，最终测算交易价格。

　　这种交易价格只是理论价格，必定不是实际交易的价格，需要理解的是，这并不是绝对价格。最终交易价格就是实际交易价格，是购买者和出售者考虑所有情况之后的"协议价格"。也就是购买者愿意支付的价格和出售者愿意成交的价格，所以很多人主张不需要进行价值评估。价值评估所需的努力和成本，有时在交易或协议的过程中反而起到妨碍作用。而且，测算的交易价格根据购买者和出售者的立场上来看会有所不同，谈判时交易双方的各自议价能力也会对最终价格产生影响。

　　但是，出售者是大学或研究所的情况下，一般还未在市场上实施或处于专利申请阶段就进行专利交易。专利技术还没有在市场上实施，就很难找到可参照的标准，没有可追溯的销售产品时，就无法适用考虑市场情况的市场测算方法。这种情况下，一般会利用该技术在研发过程中所需的成本测算交易价格。但如果申请延迟，那么拿到授权为止需要 4 ~ 5 年的时间，其间该专利有可能在市场实施，那么就需要费用测算方法结合市场测算方法或收益测算方法来进行。

　　由于大多数购买者都是企业，而且企业在实施专利权时，会投入大量的人力、物力以保证产品能投入市场，但当这种努力失败时，它们就会遭受巨大损失。因此最好是购买者和出售者共同承担风险的方式进行协商。从这种观点上看，费用测算法需要考虑的一点是，实际花费的全部累计金额由购买者负担还是只负担一部分，而负担的比例就是成功后所产生的收益分成比例。

　　出售者希望测算方法能以计算出的价格出售专利，包括为未来产业发展所带来的收益，但这种意愿越强，交易价格越难达成，因而最好的测算方法能同时反映交易双方的利益。

（3）IP 投资者角度的价值评估

对于专利货币化项目（例如，对于专利许可、专利侵权诉讼、NPE 的直接投资）的投资者来说，最重要的是风险对比收益的可实现性，在这个方面需要精确定量化的收益方案以及缓解不确定性的方法。投资者希望项目管理者在许可项目管理过程中更加积极，希望尽快完结项目，通过出售相对不重要的资产，使费用最小化并尽快创造收益。❽

投资者的注意力集中在以下两个要素：第一，根据整个专利货币化项目的费用和收益关系，测算出资产最适当的价格。第二，评估收益战略、可行性以及风险因素。如图 6-1 所示，为实现重新构成传统价值评估的目

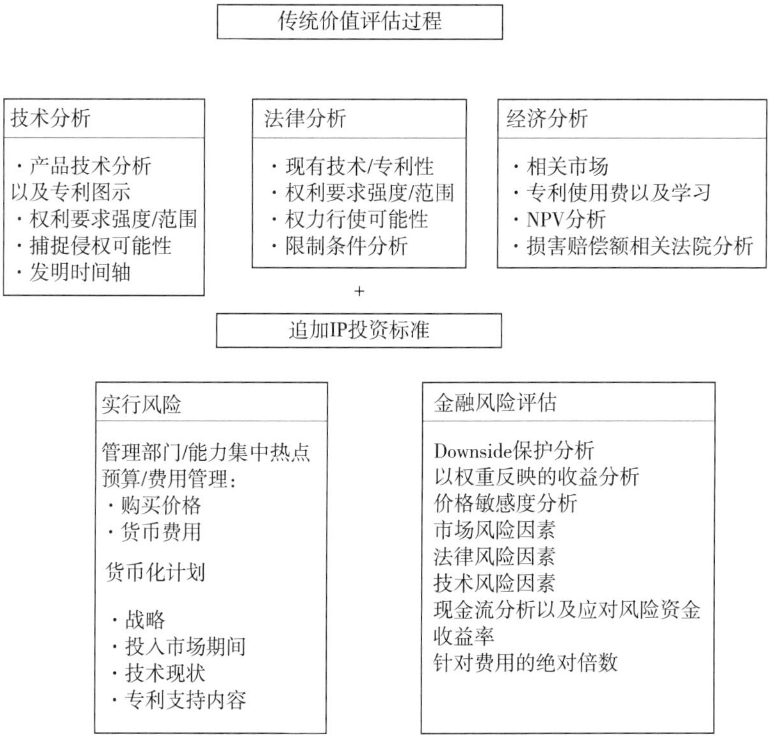

图 6-1　IP 投资者价值评估标准

资料来源：Peter D Holden, The ever-changing IP monetisation marketplace for PAEs, Intellectual Asset Management July/August 2013.

---

❽　Peter D Holden, The ever-changing IP monetisation marketplace for PAEs, Intellectual Asset Management July/August 2013.

的，就需要注意追加打折因素，考虑管理部门的资质、IP 货币化战略（单一战略或附带其他战略的结构）、货币化所需的时间、权利要求表以及互补性资源的质量等专业因素。而且，将法律性以及技术性风险因素适用于金融收益模式时需要更为精确的方法。私募基金和对冲基金等从金融公司获得投资，作为专利货币化项目的管理者，私募基金在投资的时候更为慎重地评估风险以及不确定性，测算资产的价值，尤其是计算风险调整后的收益时，需要更为专业的专家。❾

另外，如果是并购或 IP 质押贷款时，专利价值由鉴定评估机构、会计师等外部机构来评估，通常情况下不会对个别专利权按上、中、下标准进行详细分析，而是会对整个专利组合进行评级，通过市场测算方法进行概括性、表面性专利价值评估的情况多一些。因此，并购对象的收购价格里包括了 IP 价值部分，其在整体收购价格占有一定的比例。

相反，从购买者的角度来看，测算价格会有很多差异，分析所有收购案件时，要对个别案件精确分析，"不评估个别专利价值这一点"与普通的交易过程不同。例如，判断加拿大的通信公司 RIM 的 Blackberry 运营系统或应用相关专利价值的时候，考虑到当前 Nortel 的专利出售案例，大约测算为 20 亿美元，但是 Nortel 的 3GPP 标准专利的强度以及 LTE 标准专利强度比 RIM 的持有专利强度更高，因而购买者只愿意支付更低的价格。

这是因为 Nortel 的大部分核心专利是 LTE 或 Wi－Max 等通信标准专利，相反 RIM 的专利组合中的核心专利大部分是关于运营系统的，因此根据每件专利的特征，行业的合理使用费适用权重和 FRAND 原则在相关判例中无法反映标准专利和非标准专利的差异。另外，由不同技术组成的专利组合的价值评估的差异，用现有的参考值或者权重来进行测算是以这些专利的技术性观点相似为前提条件，因此前提条件有可能出现变化。

在实际并购过程中，IP 资产是该出售对象公司的核心资产时，比起适用通常的并购确认用尽职调查带来的价值评估，更适合使用通常专利交易中尽职调查，购买者一定会使用利用度评估实际价值后再进行交易。

---

❾ Peter D Holden，The ever－changing IP monetisation marketplace for PAEs，Intellectual Asset Management July/August 2013.

韩国的专利价值评估

在韩国 IP 行业，专利价值评估主要以中小企业获得技术质押贷款时，通过政府机构的技术评估方式对企业持有的技术或专利进行评估，但最近 Intellectual Discovery 和子公司 Idea Bridge 以及 ID Ventures 从韩国产业银行和企业银行获得资金，与专利价值评估机构——韩国发明振兴会一起建立了面向中小企业专利质押贷款的专利价值评估系统，目前若干项目正在积极推进。

这可以说是金融和专利结合比较好的形式，从当前的技术价值评价标准的角度来看，这种模式的 IP 价值评估，有助于对 IP 评估方式的完善，以及对"专利权"作为实际 IP 资产权利性价值的评估，未来预计会在技术金融以及 IP 金融市场得到进一步发展。

即便如此，专利价值评估在质押贷款这个框架下，受到担保贷款额度和银行的稳定性以及管理投资资金的运营公司的业务模式影响，也不能称之为真正意义上的专利价值评估。

---

4. 以技术价值评估为基础的 IP 价值评估改善方案❿

对 IP 进行价值评估的需求产生于 IP 交易，是为了给交易各方以及具有利益关系的第三方提供 IP 的内容以及其价值信息。在 IP 领域主要关注技术开发和其权利化以及运营，在金融领域基本以风险—收益理论决定如何分配金融资源，而且金融专家对技术内容和 IP 的理解受到限制。在这种情况下，IP 价值评估可以克服双方信息不对称，加深对相互领域的理解。对于投资者来说，IP 价值评估是可以将隐藏的知识产权价值客观化的标尺，在财务方面也具有非常重要的意义。

价值评估不是在一般的公式里输入一定的参数就可以获得答案的过程，很大程度上受到价值评估专家在该领域的经验、辨别力的影响。美国NPE 的价值评估模式也各自具有自身优势，但不是具有科学性，可以适用于任何价值评估过程，而是由自身经验累积所形成的价值评估手段。

为此，需要构筑价值评估案例相关的数据库，通过建立数据库可以形成更具现实性的价值评估模型，提供宽松的价值评估开发基础。但是现在专利交易大多在保密的情况下进行，交易当事人不希望公开的情况较多，

---

❿ 한국지식재산연구원, "IP 가치평가를 통한 IP금융 활성화 방안", 지식재산정책, 2013.6.

因此可公开或已公开的 IP 价值评估案例非常有限。

　　另外，市场上只针对 IP 的价值评估并不是很活跃。如果我们想要对 IP 进行评估，就要正确理解 IP 和技术的差异。对于 IP 的价值评估应包括 IP 的权利性这一属性，即权利的存续期间、对权利的保护强度的测试以及反映这些的价值评估结构。但是，在现有市场上没有将这些反映在评估模型上。另外一个差异是，不是根据各个技术领域的特性对个别 IP 进行评价，而应该是对专利组合进行评估。例如，生命科学（BT）、材料或物质专利等领域，需要对单个专利进行价值评估，但在 IT 等领域，个别专利没有意义的情况很多。IT 领域应该设计对专利组合的评估方法。但是，以专利组合为单位进行评估的概念还没有出现。在韩国产业发展中，IT 技术具有非常重要的作用，专利组合的 IP 价值评估很重要，但其基础很薄弱。

　　在讨论以 IP 为基础资产的金融时，IP 具有可独立交易的资产性质。例如，银行对 IP 设定了担保权进行融资，债权人破产时，为了回收资金实施担保权，保障可以有效出售担保物 IP。也就是 IP 作为资产可从评估交易价值方面进行考虑。Nortel 破产后，通过竞拍将 6000 多件通信专利以约 45 亿美元的价格销售给苹果和微软共同体。但是在这个过程中 IP 组合的价值与该产业竞争结构有关联。

　　实际上，企业考虑的 IP 价值评估和金融机构认为的 IP 价值评估有所不同。金融机构一般不用收益测算方法评估 IP 价值。收益测算方法是通过技术、权利、市场、业务等方面来进行判断，因此无法测算 IP 单独的客观价值。如果能够独立地对 IP 进行评估是最理想化的，但现实中存在很多困难，从金融的角度并结合企业业务，即使是相同的 IP，价值评估也会千差万别。为了激活 IP 金融，可以将 IP 进行分级，根据市场规模、权利强弱等因素分成等级，国家或评估机构可以制作使用手册，金融机构通过比较企业等级和 IP 等级，也可以设计创造利润的结构。

　　技术价值评估和 IP 价值评估有所不同。技术价值评估比较依赖运营者，相反 IP 价值评估独立存在。评估结果的用途也不一样，IP 作为法律文件，其本身可以成为一种商品或法律纠纷的对象，因此说明书的记载非常重要，在 IP 价值评估里必须包括判断 IP 权利是否是能够正常行使的专利权利这一评价结果。**⓫** 技术和专利有可能一致，但专利处于受保护的技术范围，在这一点上，技术和专利不一致的情况较多。尤其在均衡侵权的情况下更是如此。

知识产权不能评估其资产价值，那么运营和利用知识产权的金融手段在实际操作过程中就会碰到困难。也就是，向具有资产的企业投资或以资产为担保贷款，或以资产的未来收益为依据发行证券等情况下，不管哪种情况都需要能够预测投资回报率，才能进行投资、贷款、证券化。尤其是，无法获得客观信用评价时，通过信用补强等方法实现证券化，有可能导致资产持有者以无效的 IP 试图进行证券化的道德性风险。为了将知识产权进行证券化，需要评估机构评估知识产权的价值，赋予等级，但除了该知识产权在一定的期间内产生稳定的现金流的情况之外，一般很难评估知识产权的价值（见表6-1）。

表6-1　知识产权价值评估手段

区分	市场测算方法	收益测算方法	费用测算方法
概念	将资产的价值定义为市场上交易的价格	将价值定义为该资产的未来预估收益	将资产的价值定义为该资产的替代费用
利用	广泛利用于实物资产的交易	最广泛利用	以财务目标广泛利用
缺点	很难找到与需要评估的对象类似的其他专利价值	很难测算未来现金流、打折率	认为使用价值和获得价值相同

资料来源：자료:가치평가·금융 정책협의회，"IP가치평가 사례 DB구축 및 활용 방안"，2013.

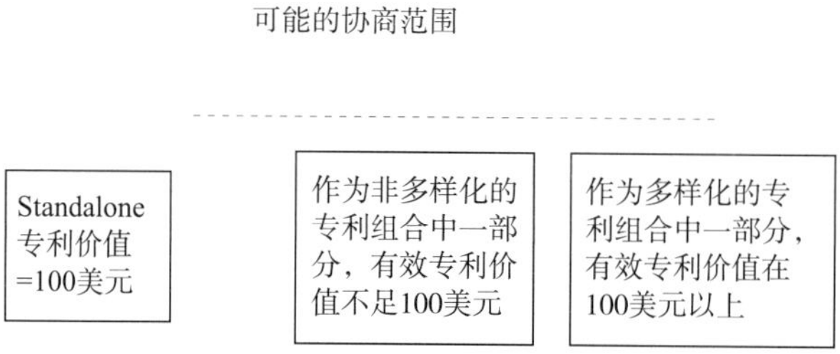

可能的协商范围

- -

| Standalone 专利价值 =100美元 | 作为非多样化的专利组合中一部分，有效专利价值不足100美元 | 作为多样化的专利组合中一部分，有效专利价值在100美元以上 |

图6-2　通过协商产生的价值

资料来源：61 September/October 2013，Viewing Patents through a financial lens，Stevan Porter，88.

⓫ IP 가치평가를 통한 IP금융활성화 방안，지식재산정책지 6월호 좌담회.

在房地产市场，开发项目的地理位置非常重要。在 IP 方面，IP 被使用的环境很重要。专利最重要的是在哪儿、什么时候主张自己的权利；如果主张范围很广，那么很难进行防御，主张范围太小又无法覆盖任何有意义的权利；如果时机太早不能引起关注，因此，微小的差异会带来很不一样的结果。❿

为了具有许可价值，专利不但需要结构合理还需要被权利化，同时需要与可创造收益的发明联系在一起。与无法产生销售额的产品联系在一起的专利，看起来再华丽也没有多少意义。虽然与成功的产品联系在一起，但没有进行准确的先期调查（新颖性或创造性观点）或结构（说明书的要件以及权利要求的撰写要点）不完整的专利也没有意义。具有意义的是，专利或专利族的权利要求与市场上成功产品的发明直接或间接地联系在一起。但是，即使可以建立较强事实关系的专利侵权案例，为了证明侵权关系需要支付一定的费用、时间以及还存在一定风险。曾经有过赔偿额为 2500 万美元的案件在诉讼过程中花费了 450 万美元，2005 年，Karlin Medical Technologies 的 Kirkland & Ellis 胜诉的赔偿额为 14 亿美元，在这场非典型性以及长时间的诉讼中，花费了 6200 万美元费用，这表明专利诉讼中被侵权的专利持有人需要花费相当多的时间和费用，才能保障自己的正当权益。为了在侵权诉讼中常胜不败，需要慎重地选择案件，同时需要持有大量现金，运气好还要有耐性，即使该专利很强，侵权关系明确，情况也各不相同。⓭

就像很多高科技企业，建立了包括数千件专利组成的专利组合，也无法保证这些专利都反映到所销售的产品中。实际上，常常会发生专利池与产品脱节的情况。但是即便不是有意的，实施企业销售的产品与他人专利权利要求联系在一起的话，其必然会卷进专利诉讼，被要求支付损害赔偿额。NPE 会抓住这个弱点，当然也取决于 NPE 的专利是否有效，是否被侵权。由于 USPTO 的审查滞后，导致情况比较复杂。即使授权专利的有效性会受到质疑，有一些专利获得授权需要 5 年左右。另外，在该专利需要保护的发明技术投入市场上的时候，一定程度上会减少或丧失专利价值。随着发明应用到产品上，为了覆盖该发明而申请的专利与该产品会逐渐减少

---

❿　Bruce Berman, From Asset to Profits, Competing for IP Value & Return, 2008.

⓭　Ibid.

关联甚至毫无关联。根据最初的发明申请的专利中权利要求范围有可能与保护实际销售的产品必要内容有所不同。因此对专利权利要求十分重视的企业也不免会犯错。明智的 IP 持有者不仅通过专利申请和许可保护发明，还要注意哪些专利需要持有，哪些专利需要放弃。❶

方框3——银行业的提问：投资专利货币化项目时，价格预估以及专利无效时的责任归属

投资银行（FI）提出两个问题：

问题1：投资专利时，由谁测算专利的价值（价值评估）？

问题2：是否可以保障专利价值评估的费用？

1. 关于问题1

金融专家对专利权利的生成过程和专利权的侵权、无效性不太了解，所以很难评价专利价值。

房地产行业中，可以在 LH 住宅公司或国民银行网页上很容易找到公示价格等市场上交易价格信息，再根据交易对象的特征，例如是否是阳光充足的南向、是否是最佳楼层、周围交易环境等生活条件的方便程度来调整一些价格，就会与实际交易价格吻合。

但是在专利交易市场上，根据该技术的市场性以及该产品的适用可能性强弱来决定其价值。另外，还会根据该专利权是否是世界上首次发明的具有专利性的专利，是否通过无效性检索鉴定过其权利性，确认过该技术申请专利之前是否存在公知的技术，其价值评估金额会有所不同。

例如，如果该专利的技术领域属于 3G/4G 通信标准领域，或诊断早期癌症的生物标记的高端医学诊断技术时，无法用普通的知识来覆盖该领域，必须进行由该技术领域专家确认的专利侵权、无效等相关资料的鉴定。

需要注意的是，关于该技术的适用性、无效性相关的技术资料的鉴定需要借助技术专家的帮助，但其结果也并非100%可信。因为，专利权的侵权性和无效方面，"权利要求的解释"非常重要，这些必须

---

❶ Bruce Berman, From Assets to Profits, Competing for IP Value & Return, 2008.

根据专利法和相关法律解释来进行判断。因此，必须有该技术领域专利专家或专利代理人、专利律师的专业解释，最终结论需要由这些专利专家提出。专利专家根据法律解释进行判断的过程中，技术专家的技术性见解只能当辅助凭证。

专利专家和技术专家根据分析、调查和判断对专利权利性进行最终鉴定后，调查该技术适用性产品的市场规模以及行业内制造企业可生产量、销售地区后，根据每个授权该专利权国家的产品销售量确定产品和规模。专利权有根据各个国家申请、授权的"地域性"原则。发明人需要向所要申请的国家提出申请，或者通过国际申请系统 PCT 申请，在申请阶段简单地指定多个国家进行申请，但是根据地域性原则需要按照各个国家的语言提出申请书，可以在该国解释权利要求的保护范围，确定专利适用性产品和规模之后，在该专利权的技术领域中，调查专利协议中专利使用费，加上考虑平均专利使用费等因素测算"合理使用费"，就能预估整体专利使用费规模，完成粗略的专利价值评估。但是，这样的专利价值评估只能作为预估规模的参考，不能当作实际性收益。

同时，根据上述算法得出的专利使用费收益规模并不能代表获得该专利权后自动可以获得专利使用费收益。专利权是赋予"独占性排他权"的宣言性权利，需要通过专利权所有者的强制主张以及努力才能获得实际专利使用费收益，也就是"如不碰触就不会醒来的沉睡权利"。在这个过程中需要伴随专利侵权诉讼，这一部分暂不详述。

再次全面分析上述第一阶段中了解的专利价值评估规模，确定购买该专利权还是只购买专用实施许可权等权利的属性，还要了解取得权利的购买者是否具备实施专利权的实力或具有实施的经验，或与当前的竞争对手具有协议上强制主张专利权的余地，或购买者不是制造企业而是 NPE，来评估第二阶段专利主张金额。

对可主张权利金额的评估方法需要根据申请人、出售者、购买者、权利行使主题等因素进行分析。而且该专利权的行使方法中，例如美国法院审理专利侵权诉讼时，根据最近的判例中损害赔偿额测算方法来进行计算。

实际上，美国法院每年有3000多件专利侵权诉讼需审理，有专门的企业为法官和陪审员提供"损害赔偿额测算"帮助，该企业由专利专家、会计师、专利专门律师、技术专家构成，根据诉讼当事人原告、被告以及法官的要求以外包服务的形式提出"损害赔偿额测算"服务。他们按照每小时收取200~700美元，在韩国由鉴定评估法人进行这项业务，最近随着专利担保贷款业务逐渐增多，"韩国发明振兴会的专利价值评估部门"进入了该领域，给予了更多专利专业性见解，建立了专利价值评估的标准。Intellectual Discovery 也根据最近 IP 担保贷款的政策，作为银行的 IP 担保贷款系统的补充，提供价值评估服务以及回收基金服务。

专利价值评估根据目的不同可以分类如下，按不同目的说明其特征。

根据专利价值评估目的分类以及特征

根据专利价值评估目的分类	特征
为了测算专利交易价格的价值评估	测算行使权利时能否获得专利费收益规模，根据未来不确定性以及权利无效等因素，是非常不稳定的价值评估。 多数价值评估，根据不同的专利专家、金融专家对作出的不能达成共识的价值评估。 购买者、出售者之间专利价值评估额具有较大差异，在专利交易中为了使自己的处于有利地位提出一些评估金额，具有与"公示价格"不同的"协商"特殊性。 在专利交易中，该购买、出售的专业性被认为是未来 IP 货币化市场上成功关键点的核心力量。 需要测算将该专利技术应用于产品制造和销售过程时，可获得的营业利润，"限制条件"确认与专利权利性评估一样重要
公平交易法中，为专利价值价格测算进行价值评估	特殊关系交易上，评估专利资产的价值，消除税金热点。 需要两个以上鉴定评估法人的评估额
为专利担保贷款的价值评估	为了获得业务上所需的贷款金额，以持有专利资产为担保测算贷款金额
企业并购时，为了测算专利价值评估额进行价值评估	比起专利权中每个精确的技术分析或权利性分析，更需要测算根据该企业所持有的技术评估市场性。 比专利交易等权利性的风险较低。 更有税金风险消除目的以及会计处理目的

续表

根据专利价值评估目的分类	特征
在专利侵权诉讼中，为了测算由专利侵权引起的损害赔偿额进行价值评估	4 种价值评估分类中相对比较稳定的价值评估，其理由是确定专利侵权为前提，规定侵权人的产品数量，考虑该专利的强度或技术贡献度以及专利所有权人的所有利益、行业的合理使用费之后，根据专利侵权诉讼的最新判例测算损害赔偿额。 根据被告和原告当前的协议关系，适用过去侵权对象物，区分未来侵权对象，从当事人获得该数量信息，最终测算结果，因此可以获得最正确的数字。 法院关于赔偿额的判决是最具有代表性的事例，三星 vs. 苹果诉讼中，陪审团测算的数字终将反映企业赔偿额的情况

Accused Samsung Product	Amount
Captivate (JX 1011)	80,840,162
Continuum (JX 1016)	16,399,117
Droid Charge (JX 1025)	50,672,869
Epic 4G (JX 1012)	130,180,894
Exhibit 4G (JX 1028)	1,081,820
Fascinate (JX 1013)	143,539,179
Galaxy Ace (JX 1030)	0
Galaxy Prevail (JX 1022)	57,867,383
Galaxy S (i9000) (JX 1007)	0 0 40,494,356
Galaxy S 4G (JX 1019)	73,344,668 100,326,988
Galaxy S II (AT&T) (JX 1031)	40,494,356
Galaxy S II (i9100) (JX 1032)	0
Galaxy S II (T-Mobile) (JX 1033)	83,791,708
Galaxy S II (Epic 4G Touch) (JX 1034)	100,326,988
Galaxy S II (Skyrocket) (JX 1035)	32,273,558
Galaxy S Showcase (i500) (JX 1017)	22,002,146
Galaxy Tab (JX 1036)	1,966,691
Galaxy Tab 10.1 (WiFi) (JX 1037)	833,076
Galaxy Tab 10.1 (4G LTE) (JX 1038)	0 219,694
Gem (JX 1020)	4,075,585
Indulge (JX 1026)	16,011,184
Infuse 4G (JX 1027)	44,792,974
Intercept (JX 1009)	0 2,242,013
Mesmerize (JX 1015)	53,123,612
Nexus S 4G (JX 1023)	1,828,297
Replenish (JX 1024)	3,350,256
Transform (JX 1014)	953,060
Vibrant (JX 1010)	89,673,957

2. 关于问题 2

在韩国银行业，投资专利权时要求销售者为价值评估额提供责任性担保的情况较多。如果有保障本金的投资项目，立即就能获得投资。所有投资者只要能保障本金，谁会犹豫投资？如果都希望稳定的投资，将无法尝试专利权这种高风险投资标的。专利权投资是基于专业性的高风险、高回报性质的标的。

> 另外，这是对专利权没有投资经验的银行业提出的问题，能否理解提问意图，但是在一般证券、房地产投资中不会要求运营方承担投资失败所带来的风险，相反，对专利权进行投资的投资方是不太熟悉专利的机构，因此提示所有关于投资损失的风险并主张回收权利等情况较多，这些会随着专利权投资成功案例增多，自然能够解决。
>
> 美国的 IP 基金自己负责投资决定，通过金融投资结构或商业模式等专业性较高的尽职调查在事前或事后降低投资损失的风险，由此投资价值较高的专利权获得高收益。本书中介绍的 IP 金融所有内容正是美国 IP 基金经常使用的手段。
>
> 韩国的金融圈有必要借鉴美国金融圈的投资手段，尽快制定主导韩国 IP 市场的政策金融与民间的专业性融合的 IP 基金。

二、IP 金融所需的基础条件和辅助条件

美国、欧洲各国从风险投资、对冲基金投资、财政资金等方面非常积极地推进 IP 投资，积累 IP 金融结构过程和 IP 投资方面的经验。相反，韩国知识产权专门企业与海外 NPE 相比，在专业性和经验方面还有很多差距。如果不尽快赶上，将会在 IP 货币化方面处于下风。要强化韩国的 IP 货币化能力，形成新的 IP 货币化模式。

（一）在激活 IP 金融方面韩国政府作出的努力——政策金融的供给

与商业金融相对的是政策金融，向特定产业以优惠金融条件进行支援，防止市场失败，起到市场安全板作用，培育和支援占据市场先机。

2005 年 7 月 15 日，韩国政府根据"风险企业培育相关的特别措施法"，成立并运行了有影响力的韩国母基金。母基金为了提高政策效率性，由特许厅、中小企业振兴协会、文化体育观光部、广播通信委员会等政府机构进行投资，具体运营由韩国风险投资公司来进行。2012 年 12 月末，募集了 14791 亿韩元，运营期限为 30 年。根据发明振兴法，其中，特许厅出资资助专利技术运营企业，扶持其进行的发明活动，促进发明成果专利化及优质发明的商业化等。❺ IP Cube Partners 就是 2009 年通过母基金建立

---

❺ http：//www. k - vic. co. kr/contents. do？contentsNo = 83&menuNo = 359.

"IP Cube 投资组合 1 号"，由产银资本公司进行运营的知识产权组合。

2013 年 1 月 21 日，KDB 产业银行设立了 1000 亿韩元规模的中小企业持有的知识产权投资基金。称为 "KDB Pioneer 知识产权私募特别资产投资信托" 的基金，事先没有指定投资对象以随机方式运营了 7 年，主要以 SLB 方式对 IP 进行投资。基金的运营由韩国首个 IP 资产运营公司 Idea Bridge 来进行，也是 Intellectual Discovery 的子公司。

另外，韩国的金融政策由金融委员会来决定。金融委员会 2014 年的预算是 11182 亿韩元，所属 8 个基金的运营计划总共达到 327317 亿韩元。❶⑥ 而且，旗下包括公共信用保证基金、技术信用保证基金、韩国政策金融公司、产银金融支柱、韩国产业银行、中小企业银行等多达 13 个机构（见表 6 - 2）。❶⑦

表 6 - 2　各机构主要业务

对内	产业银行	供给产业基金
	政策金融公司	中小企业以及社会间接资本和新成长产业
对外	输出口银行	输出口企业资金支援
	贸易保险公司	通过对外交易风险收购支援输出口企业
中期	企业银行	中小企业贷款
	信用保证基金	为担保不足的中小企业提供担保
	技术保证基金	为技术创新型中小企业提供保障

资料来源：자료:금융위원회, 정책금융 역할재정립 방안, 2013.8.

2013 年 5 月 15 日，相关部门发表了 "风险和创业资金生态系统良性循环方案"，金融委员会和下属公共机构预计未来 5 年内，风险和创业生态系统里的投资资金扩大到 10600 亿韩元。❶⑧ 该方案意图在技术创业及技术创新型企业的创业、成长、回收、再投资方面给予支持，以促进并实现良

---

❶⑥ 8 个基金分别为公共资金偿还基金、农渔从业者存款奖励基金、信用担保基金、技术金融担保基金、农林水产从业者信用担保基金、住宅金融信用担保基金、存款保险基金债券偿还基金、结构调整基金。

❶⑦ 13 个机构分别为，信用担保基金（Korea Credit Guarantee Fund），技术信用担保基金，韩国存款保险公社（Korea Diposit Insurance Corporation），韩国资产管理公社（Korea Asset Management Corporation），韩国住宅金融公社，韩国交易所，韩国预托结算院（Korea Securities Depository），韩国政策金融公社，KOSCOM，产银金融控股，韩国产业银行，中小企业银行，金融监督院。

❶⑧ KB금융 지주 경영연구소, 2013.

性循环的目的。❿ 为此需要招募人才运营未来创造基金、成长提资基金等。

预计 3 年内成长阶梯基金支援民间基金 4150 亿韩元、支援韩国政策金融公司等政策金融机构 1500 亿韩元、支援银行青年创业财团 3350 亿韩元，在成长阶梯基金内用于知识产权保护为 1000 亿韩元，形成营造从创业、成长、进入正轨、完成回收的健康而持续的企业成长生态系统，并于 2013 年 8 月成立，由为了支持初创企业发展的创业金融，促进各个阶段企业发展的成长金融、再调整、大中型企业发展的回收金融组成（见表 6 - 3）。❿

表 6 - 3　风险以及 IP 生态系统支援政策基金案例

主体	基金名称	设立时间	特征	规模/亿韩元
中小企业厅	成长阶梯基金	2013 ~ 2016	囊括创业、成长、回收等风险生态系统的基金	6000
	未来创造基金	2013.8	投资初期企业和中坚企业	6000
	创业初期基金	2013	投资优秀的初期企业，包括与未来部进行的后辈培育基金（1000 亿韩元）	2200
	引进外资风险基金	2013.8	引进美国硅谷资金，投资海外运营企业	2247
	风险企业全球扩张基金	2014	投资海外运营企业	1500
产业通商资源部	死亡之谷 1 号基金	2013.8	投资持有技术但碰到资金困难的初期运营企业	250
	死亡之谷 2 号基金	2014		150

成长阶梯基金中，知识产权相关基金中曾各有 500 亿韩元分配给 Intellectual Discovery 集团和 KB 资产进行运营。

(二) IP 证券化的辅助手段——IP 保险和信用补强

1. 引入使用费债券保险

知识产权证券化过程中，价值评估的难度、信任不足以及现金流的稳定性等问题是投资者对知识产权证券化投资感到犹豫的重要原因。通过引入知识产权证券化交易，减少投资的不安情绪，可以考虑引入保障稳定的现金流的"专利使用费债券保险"。作为类似的制度，有信用保障基金中

---

❿ 벤처, 창업 자금 생태계 선순환 방안, 관계부처 합동, 2013.5.15.

❿ http://www.kofc.or.kr/kofc/business/medium_06.jsp.

运营的"销售债券保险"制度，这是中小企业提供产品或服务时，对产生的销售债券（应收账款或未入账销售额）进行保险，是未来购买企业不履行（账款亏损或未能回收销售额等）债务而发生损失的情况下，从信用保障基金中获得保险赔偿的制度。㉑

销售债券保险是销售产品或服务的企业（保险加入者）向保险者（信用保障基金）申请加入销售债券保险，保险者通过审查发行保险证券。此后，销售企业向购买企业提供产品或服务，对于所产生的销售债券因购买企业的债务不履行保险事故的发生时，信用保障机构作为保险者进行支付审查后向被保企业提供保险金，对该购买企业行使代位权㉒。

现在，销售债券保险有"多斯朗保险"、"一石二鸟"保险、"韩斯朗保险"、"荷那保险"等，其中大部分加入的"多斯朗保险"是针对保险加入者和与之交易的所有对象提前商定保险加入的额度和期限进行运营的方式，将未来发生的销售债券作为投保对象，不是每次销售债券发生的时候投保，而是在保险期间内发生的所有销售债券自动加入保险的方式，类似使用费债券保险（见图 6 - 3）。

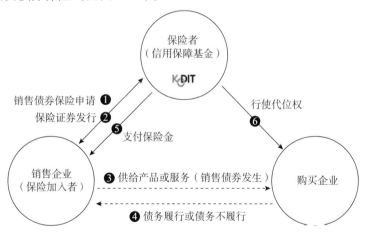

图 6 - 3　销售债券保险流程

资料来源：信用保障基金网址：http：//www.kodit.co.kr.

㉑　손수정, 창조경제를 촉진하는 IP금융 기반 구축, 2013.9.15.

㉒　设置依据法律：［支援小微企业以及小商户的特别法］

第 10 条（中小企业销售额债券保险的设置）①根据《中小企业基本法》第 2 条的规定，为了防止中小企业在商业行为过程中持有的本票或汇票遭到拒付时，或债务人对销售债券的债务不履行导致的连锁破产风险，政府可以在信用保障基金内设置中小企业销售债券保险。

但是，当前由于保险责任条件或结账到期条件等原因，使用费债券保险的实用化还需要一些时间。因此，最近美国四大金融机构之一 Wells Fargo & Co. 的保险业务部门 Wells Fargo Insurance 推出了称为 "revEN-SURE" 和 "ANDAfend" 的新型保险，这两种保险都是销售或许可企业的知识产权过程中保护企业预计收益。[23] 该产品在销售或许可知识产权的过程中遭受损失时，向企业提供补偿，从而起到对冲的作用（见表 6 - 4）。[24]

表 6 - 4　revENSURE 保险的主要内容

区 分	内 容
预想风险	知识产权的无效以及不可实施的外部攻击 最近 IPR（Inter Partes Review）案件增多，平均每件需要 50 万 ~ 60 万美元的费用 对法律上没有瑕疵的所有权攻击 所有商品侵害第三者的权利时
补偿额度	每件产品 5000 万美元（特定情况下有可能超过额度）
补偿期限	36 个月或达到补偿额度为止
考虑事项	适用的产品中还有有效期内的重要专利 该知识产权的预估收益的重要因素 预估收益的范围在每年 1000 万美元至 1 亿美元 此外还有产品生命周期、该专利对公司的重要程度等
承保（underwriting）过程	预评估后进行第二阶段 1 阶段：制作简单的调查表格后，在没有保险业务员的监督下提示条件 2 阶段：提出产品、销售、知识产权相关的信息提供申请——与劳埃德保险审查员一起共同进行收购审查

资料来源：wells fargo 网址：http：//www. wellsfargo. com.

引入专利使用费债券保险，将提高知识产权现金流的稳定性，降低了投资者的风险，更进一步提高知识产权流动化可能性。

2. 信用补强

对于现金流的不稳定问题，可以通过证券化交易结构分散潜在风险，

---

[23] INSURANCE JOURNAL news article（2013. 8. 5），"Wells Fargo Insurance Launches Intellectual Property Financial Protection Products"（http：//www. insurancejournal. com/news/national/2013/08/05/300755. htm）.

[24] ANDAfend 保险专门为药品而设计，根据第Ⅳ条（假冒药品不属于专利的保护范围或该专利为无效）的判定结果产生的药品销售以及许可费用的损失提供补偿。

提高稳定性和可折算性等信用补强来解决。㉕

　　一般来说，信用补强的方法可以分为由第三方的外部信用补强方法和利用对象资产本身现金流的内部信用补强。㉖

　　首先，内部信用补强的方法中使用最多的是设定附属债券方法和超过担保设定、内部引导方案等。附属债券设定方法是将知识产权的一部分设定为附属债券，保障优先债权的本金支付，根据发行结构设定为单一债权和复数债权，设定方式也有定额设定方式（按到期日优先顺序设定一定的额度）和定率设定方式。根据其特性，定率方式比定额方式要求更高水平的信用补强。超过担保设定是 SPV 转让的资产价值高于通过资产流动化预计筹集的金额，以比知识产权价值更低的金额发行 ABS，将超过的部分留存在 SPV 来应对未来现金流不稳定的方法。㉗ 最后，内部持有方法是将 ABS 发行金额的一部分留存到 SPV 预防现金流异动的方法。

　　通常情况下，在所有投资者中，财务性投资者拥有收回部分资金的优先权。例如，确定收益分配比例，财务性投资者回收约 50% 的投资资金后，将财务性投资者、战略性投资者的次序调整为相同位置是非常合理的。

　　外部信用补强方法有保障机构保障、发行者保障、贷款保障等。首先保障机构保障是最普遍化的方法，是保险公司的支付保障方式。通常投资等级（BBB）以上的现金流可以获得更高的信用等级，用利息支付、本金支付等特定债券的支付保障。但是，支付已保障 ABS 的信用等级比信用保障公司的信用等级更好。发行者保障方式 ABS 是发行者直接提供保障的形式，根据保障人信用等级的变化来联系到 ABS 信用等级，在国内可以应用资产流动化法允许的瑕疵担保条款。在贷款担保的情况下，对于 ABS 本金偿还，金融机构提供一定限额的流动性，主要以 AAA 银行的信用贡献来完成。这是目前韩国资产流动化市场上普遍使用的方式，国外也使用一部分。

　　3. 其他方案

　　除使用费债券保险或积极的信用补强之外，也有对知识产权所含作为

　　㉕　增加强化信用补强的方案，就会增加费用支出，因此根据目标信用等级尽量实现费用的最小化。

　　㉖　신용보강 방법에 대한 설명은 손수정, 지식재산권의 증권화를 위한 탐색 연구보고서, 과학기술정책연구원, 2007을 주로 참조하였다.

　　㉗　部分国家对于超额质押引起的剩余资金允许发行者再投资高收益商品。

资产的风险性作为资产持有者的投资风险来看待，也就是风险负担。知识产权可以拥有财产性价值，即产生现金流这一点谁都了解，但是评估其价值的大小难度非常大，而且很不稳定，这与以其他资产为基础的资产流动化或债券的等级根据信用设定情况非常类似。即债券有优良债券，信用等级较低的公司也可以发行债券，而且同样也可以在市场上交易。垃圾债券的市场虽然风险很大，但相应地也可以获取高收益。垃圾债券的风险性与债券的种类相关，相应的，在知识产权货币化中，根据知识产权的领域、种类、性质，其价值也有所不同，因此可以成为投资对象。

从这种观点来看，与外部信用补强的方法进行融资相比，垃圾债券在成本方面更具有优势。也就是在市场上的风险不管有多大，还是有投资者为了创造高收益进行投资，同样知识产权也根据权利的类型和特性，即使在没有补强信用的情况下作为商品推到市场上，即使存在高风险，投资者也会为了追求高收益选择投资，因此发行人在发行证券之前无需补强信用，可以节约成本。

另外，资产证券化风险可以通过保险来解决，因此对于知识产权的证券化带来的信用风险不再是无法克服的难题。现金流不稳定，且变现比较难的知识产权的投资实际上能否成功是证券化之后金融市场上投资者需要考虑的问题。[28]

在专利权中，加入国际标准的专利需要按季度支付一定金额的专利费，所以比较适合进行证券化。登记为标准专利中的专利只要通过与无效性无关、在标准范围的侵权性标准专利评估审查之后，能够产生一定规模的专利费收益，在投资者立场上，一次性预先支付后，与专利权人按一定比例分配利息，或者取得全部之后回收全部资金，专利权人和投资者之间按一定比例分配收益。

最近，以韩国电子通信研究院（ETRI）的标准专利权为对象进行了证券化投资，Idea Bridge 资产运营公司投资了 100 亿韩元。证券化协议可以销售给其他投资者，进行二级投资。

此外，还可以通过将证券化的期限设置为短期、以多样化知识产权组合为对象资产、签订包含最低保障金额的许可协议等方案来解决。从长期

---

[28] 한국콘텐츠진흥원, 미국 콘텐츠 금융시스템 연구, 2012 참조.

观点来看，考虑到知识产权产业的发展规模和速度，预计对这种现金流的可预测性逐渐趋于稳定化，尤其是伴随最近政府在推行的激活知识产权活动，预计可明显提高现金流的可预测性。

(三) IP 担保贷款的亏损以及回收基金的作用

最近，作为韩国政府的核心政策"创造经济"的实现方案，金融界尝试以 IP 资产为担保对中小企业以贷款的方式提供金融支援。多数的中小企业由于信用度较低，也没有可以提供的担保，因此韩国政府期望在这类企业中推进"IP 担保贷款"。以 IP 资产为担保的贷款中，即使贷款企业亏算或无法偿还利息，对于银行的收益性不会产生影响。如果 IP 资产不具有货币化，无法实现收益，就会成为亏损债券，因此在 IP 担保贷款中需要正确评估 IP 资产的价值，如果价值评估结果显示 IP 资产的担保能力有问题，就不能实现 IP 担保贷款。

但是韩国国内现状是，持有具有充分担保能力的 IP 企业不多，金融机构对 IP 的理解又有限，因此只能在政府支持下，承担一部分亏损风险进行贷款。这种情况下，需要回收亏损 IP 的政策型回收基金。例如，美国的 IP 担保贷款公司"IP Navigation Capital"内部规定申请贷款时如果没有提交权利要求表，那么对此 IP 资产的贷款很难进行下去。也就是要求提供 IP 自身可以担保收益性凭证，即权利要求表。这是 IP 资产担保贷款的典型形式，而不是针对企业申请贷款的企业贷款。但是如果针对韩国企业，只审查 IP 资产，以 IP 资产为担保进行贷款的话，究竟能有几个企业可以通过审查标准？也就是，针对信用度不高的中小企业需要根据 IP 金融支援政策的主旨制定适当的审查标准。为了实行这种担保贷款，首先作为担保的 IP 资产需要高质量，为了担保权的实行，需要培育可以处理 IP 资产的二级市场。IP 担保贷款时，需要通过怎样的系统处理亏损债券，防止贷款的亏损或减少亏损。

当然，亏损最小化问题需要交给市场来消化。但是只考虑市场性，那么在韩国市场上，IP 担保贷款系统很难自行运作，政策型 IP 担保贷款也需要产业银行和 IBK 企业银行等国有银行主导下进行。为了让普通银行也参与其中，如果没有政策型 IP 担保贷款系统的强力推行，那么很难改善中小企业的融资问题。

在韩国金融行业，正在尝试的 IP 担保贷款中，成立回收未来有可能出现亏损的不良债权的 IP 资产管理企业。这种专门用于回收不良债券并在未来进行货币化的企业称为回收基金。从金融机构以 IP 为担保获得贷款，债务人因亏损或者破产无法偿还本金或利息的危险性较高的债券叫不良债券。不良债券降低了银行的收益性以及自有资本率（BIS），而且带来流动性不足，从而导致银行的亏损。所以，为了尽早回收资金，将亏损债券以比实际债权额更为较低的价格销售给资产管理公司，资产管理公司将该不良债券未来在 IP 交易市场上以货币化为目的进行交易，收获一定比例的收益，通过此种方式可以回收贷款资金的一部分，可以缓解 IP 担保贷款压力。

方框 4——IPBC Asia Singapore 介绍

> IPBC 是由 IP Media Group 的一个部门 Intellectual Asset Management（IAM）来主办，每年在世界各地举办 IP 行业的最大型博览会。2013 年 11 月，在新加坡举办的 IPBC 中，LG 电子、三星显示器、ETRI、现代汽车、SK Hynix、Intel、谷歌、微软等企业的 IP 专家以及 Transpacific IP、Rockstar、Acacia、Intellectual Ventures 等大型 NPE 的负责人以亚洲主要 IP 热点为主题进行了各种演讲和讨论。㉙
>
> IPBC 比其他 IP 相关博览会更为有意义的是，全球 IP 商务的精英聚集在一起，IPBC 主办方也考虑到以上因素，通过多种形式提供加强各方联络的机会。各企业负责人通过研讨会或讲座的形式，与参加活动的人们进行了深入的交流，尤其是对各自企业的介绍，更是令人印象深刻。

㉙ http：//www.ipbusinesscongress.com/Asia/2013/.

　　作者参与了本次 IPBC 新加坡活动，有机会在现场体验 IP 商务。日本逐渐成为新的 IP 供给方、不断上升的中国的作用、跨越国境的 IP 商务热点、大型 NPE 专利诉讼的特征、有效的专利组合管理以及价值评估热点等主题进行讨论，也是成了可以与全球 IP 市场的主要核心人员见面的机会。

　　从左到右：崔哲教授、张源埈次长、裹桐浙常务。

　　而且，IPBC 主办方 IAM 筛选了全球 IP 商务中做出贡献的企业或机构并颁奖。未来也期待获奖机构能够继续参加活动。

　　从左到右：ETRI 申郑贺室长、金东里代理人、三星显示器金光俊专务、禹京翼首席、LG 电子金朱燮常务、Intellectual Discovery 裴桐析常务、SK Hynix 李振豪首席、现代企业申言律理事、尹盛贤。

三、NPE 相关法规动向

　　曾在初期的 NPE 商业模式中出现过"专利流氓"，通过以少量和解金额为目标提起诉讼的专利权滥用的问题，从独占权滥用的观点来看，持有为达到诉讼的高质量专利权，以少量和解金额为目标提起诉讼的 NPE 应成为监管对象，同时出现了反映这些立场的立法法规以及行政法规。

但是，美国立法机构还没有通过单方面的法规方案，而且对应以不良的 IP 提起诉讼的 NPE 诉讼需要很多费用，可以向败诉当事人 NPE 收取"费用转移"相关法案也未通过。

因此，在 IP 商业模式以及 IP 金融投资较活跃的市场上，无法对作为媒介作用的 NPE 本身进行单方面规定。NPE 商业模式在 IP 交易和 IP 诉讼过程中，在法律框架内可以利用合法、合理的手段同时招揽投资和创造利润。

需要支付专利费用的实施企业，提出 NPE 损害创新、给产业界带来损失，需要对 NPE 进行监管，但是 NPE 又刺激专利市场的专利交易，通过积极的专利诉讼以达到收取正当专利费用的目的，对于 IP 交易和金融来说起到了重要的中介作用。

次贷危机后，由于传统投资标的的萎缩以及 IP 的收益性，IP 成为新的投资对象。次贷危机之后，IP 交易市场上发生了一系列数额巨大的交易案例（Nortel：45 亿美元、Kodak：6 亿美元、Motorola：125 亿美元、Aware：7500 万美元、Unwired Planet：约 1 亿美元），使得参与其中的很多机构，包括中介公司、投资银行、评估机构等获取了高额利润，从而吸引了更多的企业参与其中，进而将产生更多的可能性。

随着最近对专利流氓的监管呼声持续高涨，美国议会和政府在相关法案以及行政监管越来越活跃。初期，认为专利流氓这个词汇带有偏见，普遍使用了具有中立意义的专利非实施企业（NPE）。但是，NPE 的范围太广，在 NPE 中通过以侵权诉讼为主行使权利进行业务运营的企业称作 PAE，确定其为主要监管对象（见表 6 - 5）。

表 6 - 5　NPE 监管相关主要法案以及行政命令

序号	法案以及相关监管	提出或实行日期	主要内容
1	America Invents Act（AIA）	2011 年 9 月 16 日开始阶段性实行	先申请原则、授权后异议申请、当事人无效审判制度、补充审查、由第三方提供信息、先使用的权利等
2	SHIELD 法案	2013 年 2 月 26 日提出	在专利侵权诉讼中原告专利流氓败诉的情况，使原告负担诉讼费用

序号	法案以及相关监管	提出或实行日期	主要内容
3	专利品质改善法案	2013 年 5 月 5 日提出	"营业方法专利相关的短时项目"的适用范围扩大为所有形式的相关营业发明，同时将该项目转换为常设项目
4	匿名专利终了法案	2013 年 5 月 15 日提出	为了防止由于专利权人不明确引发专利权侵权后向侵权人主张权利的现象，需要提高专利权人透明性的措施
5	专利滥用限制法案	2013 年 7 月 9 日提出	与专利滥用限制法（案）具有类似的内容，专利流氓和制造企业之间诉讼还没有最终决定之前，允许停止对最终消费者的诉讼
6	创新法案	2013 年 10 月 22 日提出	包含了为了提高专利透明性的措施，败诉方负担诉讼费用等此前法案的所有内容
7	奥巴马议会立法劝告以及行政命令	2013 年 6 月 4 日发表	实际专利权者的公开，专利诉讼胜诉者的诉讼费用保全等议会立法劝告、实际权利者的诉讼当事者化等行政命令

资料来源：Jason J，Keener，Mondaq（www. mondaq. com），2014. 1.

1. AIA（America Invents Act）

60 年来，美国首次迎来专利法改革案，包括了诸多的修改内容。该法案为了适应全球化的发展，减少专利纠纷，提高授权专利的质量，通过奖励创新来创造工作机会等目的。通过该法案之前，与各方利益相关者之间的分歧很大，由于该法案的影响力很大，因此最终决定从 2011 年 9 月 16 日开始阶段性实行。

（1）先申请制（First Inventor to File System）

一直以来主张先发明制的美国根据产业界以及全球化环境的变化引入了先申请制。2013 年 3 月 16 日开始实行，设置了衍生步骤，证明不是先发明人的单纯先申请人没有权利获得专利的步骤。而且，不仅在美国，世界各地的销售以及公开实施都可以被确认为现有技术。

（2）授权后异议申请制度（Post Grant Review）

2012 年 9 月 16 日实施的授权后异议申请制度是，除了专利权人之外的第三人自专利授权日起的 9 个月内可以向专利审判委员会（Patent Trial and Appeal Board，PTAB）提起取消授权的申请（对象：优先权日起为 2013 年 5 月 15 日之后的专利或者商业方法专利（限时性）），无效理由包括不具备新颖性、创造性、专利说明书公开不充分、重复授权等。

（3）多方复审程序（Inter Partes Review，IPR）

2012 年 9 月 16 日，开始实行的多方复审程序是根据当前的多方重新审查程序改编而来，专利权人以外的第三方可以向专利审判委员会（PT-AB）提起多方复审程序，PTAB 需要在 1 年内进行判决，而不像此前的多方重新审查程序需要 2～3 年。和此前的法律一样，无效理由主要是专利法规定的新颖性和创造性，证据材料也限定在在先专利和出版物文献。

（4）补充审查（Supplemental Examination）

2012 年 9 月 16 日开始实行的补充审查是专利权人在专利授权以后向 USPTO 提出与专利相关的信息，请求根据此信息追加审查该专利的制度，将此前通过复审来完成的程序写进制度中。

（5）授权之前第三方可提交现有技术信息（Pre – issuance Submission of Prior Art by 3rd Parties）

2012 年 9 月 16 日开始实行，不管是谁都可以在一定的期限内针对授权之前的专利向审查员提供现有技术资料，不受数量限制，但需要根据各个现有技术资料提供相关说明。

（6）先使权（Prior User Rights）

2011 年 9 月 16 日开始实行，将此前只针对商业方法专利适用的先用权为依据对侵权进行的抗辩延伸至所有的技术领域。如果该技术早于该专利的优先权日 1 年就已经得到商业化应用，那么该商业应用不侵权，这和韩国专利法的依据先使用的实施权非常类似，适用于 2011 年 9 月 16 日以后授权的专利。

此外，严格限制可以共同诉讼的被告范围，增加了试图整合为一个诉讼，减少费用以及更容易管理诉讼的专利流氓的负担。而且取消了被告，即侵权人必须咨询专家意见的条款，缩小了故意侵权成立的范围。

但是，在专利侵权中定量化损害赔偿额，取消故意侵权的惩罚性损害赔偿的主张没有反映到修改法案中。

2. SHIELD Act（Saving High – Tech Innovators from Egregious Legal Disputes Act）

2012 年 8 月以及 2013 年 2 月提出的法案，有"从法律纠纷中解放尖端技术开拓者的法案""消灭专利流氓法案"两种版本（H. R. 6245 和 H. R. 845）。

H. R. 6245（2012 年 8 月）

针对即使胜诉的可能性非常低，但还是提起诉讼的专利流氓原告，需要负担被告的律师费，但这种措施只限制在软件和计算机硬件专利中。但是负担被告的律师费用的问题，同美国宪法冲突，从而在美国议会中有不同的意见。

H. R. 845（2013 年 2 月）

将初期 H. R. 6245 的"胜诉的合理可能性"等模糊的表达和其适用对象限定为软件和计算机硬件专利的范围进行了扩充。被告可以让原告负担律师费用的情况扩大至"原发明人、专利利用者以及不是技术转移机构的原告"，胜诉的被告不需要证明原告的胜诉可能性较低以及原告是专利流氓，也可以获得律师费用。另外，被被告指认为专利流氓的原告在 120 日内无法证明自己不是专利流氓，那么需要提出担保。法案的适用对象从软件和计算机硬件专利扩大至所有专利，详细规定了对于律师费用的负担，使其成了具有实际效果的法案。

3. 专利品质改善法案（Patent Quality Improvement Act（S. 866））

该法案于 2013 年 5 月 5 日提出，建议针对专利有效性的审查由 USPTO 进行，而不是法院。在 AIA 法案之后，该法案试图将针对商业方法专利的过渡期复审程序拓展至所有发明。

4. 匿名专利终了法案（End Anonymous Patents Act（H. R. 2024））

2013 年 5 月 15 日提案，为了防止以名义信托、诉讼信托等方法使专利权人不明确之后，从而进行攻击的专利流氓常用的形式，使申请、权利获得、转让时以实际权利者进行授权和公开，尽量扩大公开、授权人的范围，提高美国专利商标局的透明性，进而，促进合法的许可协议，尽量减少专利纠纷诉讼。

实际上作为专利流氓的代表性 NPE，高智（Intellectual Ventures）运营

2000多个空壳公司，只凭授权文献无法获取专利权人信息，因此很难确认需要许可的专利，容易发生专利权侵权纠纷，本法案就是要完善这一部分。

5. 专利滥用限制法案（Patent Abuse Reduction Act（S. 1013））

2013年5月22日提案的法律，主要内容为原告专利流氓需要明确整理主张内容，被告可以联合有关联性的子公司进行诉讼，原告的请求内容明确之前不进行证据开示步骤，败诉当事人将律师费以及诉讼费用支付给胜诉当事人等。但是，律师费用支付时，不考虑被告企业此前的和解经历。

如果这个法案通过，那么就能解决根据模糊的请求靠不断猜测来进行防御的被告的烦恼，也可以防止专利流氓利用多个子公司进行消耗性诉讼的方式，保留证据开示步骤防止防御企业产生不必要的费用，根据败诉者负担诉讼费用的原则，专利流氓也会认真考虑诉讼费用。

6. 创新法案（Innovation Act（H. R. 3309））

2013年10月22日提出，作为增加专利透明性的措施，包括了败诉者负担诉讼费用等旧法案中的所有内容。例如，SHIELD 法（Saving High - Tech Innovators from Egregious Legal Disputes Act）、匿名专利终了法案（End Anonymous Patents Act）、专利滥用限制法（The Patent Abuse Reduction Act）等创新法案。

7. 奥巴马政府的立法建议及行政措施

2013年6月4日，白宫发表了关于专利流氓监管以及专利法制度改革等7个立法建议和5个行政措施。❸⓿

为了解释其背景，同时发表了"专利主张与美国创新"（Patent Assertion and US Innovation）报告书，尤其是重点说明了无差别专利诉讼和广泛的权利要求书的权利范围问题。

（1）立法建议

包含了实际专利权人公开、免除专利诉讼胜诉者的诉讼费用、专利局为监管专利流氓扩张的各种限时性项目、在专利诉讼中消费者保护步骤准备、修改 ITC 颁发禁令的标准、为抑制滥用提诉的提高警告函的透明性等

---

❸⓿ FactSheet：White House Task Force on High - Tech Patent Issues.

内容。

（2）行政措施

包含实际权利人的诉讼当事人化，功能性权利要求的严格化，保护下游用户扩大对创新的支援和研究，强化禁止令执行步骤等内容。同时，还包括了解决在专利诉讼中不可避免发生的消费者抱怨，改善禁止请求相关的 ITC 标准等内容。

8. 其他监管法案

2013 年夏天，追加发布了 Patent Litigation and Innovation Act 和 Stopping Offensive Use of Patents Act（STOP），美国消费者保护机构 FTC（联邦交易委员会）开始调查专利流氓。

NPE 监管法案与美国宪法和美国专利法保障的独占性实施权、正当主张专利权有所背离。也就是主张产业界使用的专利权的法律措施（侵权诉讼、申请临时处分、ITC 提诉等），依然不是监管对象。法律规定的主体是制造企业、研究所或 NPE，还没有提示可以差别化的法律依据。现在 NPE 提起的侵权诉讼正在进行。

根据美国诉讼数据库"Docket Navigator"，2013 年在地方法院提起的专利侵权诉讼总共是 6000 多件，向 ITC 提起的侵权诉讼约为 50 件，其中 50%～60% 由 NPE 提起。尤其，专利复审以及 IPR 提起的案件约 50% 针对 NPE。

方框 5——IP 金融相关国内外专家意见

韩国国内专家意见

1. 当前 IP 金融以美国为主的背景和理由是什么？请问对韩国的影响是什么？

◆（何经宇 哈伊资产运营公司组长）一般来说，IP 金融是以 IP 为基础的技术金融或以 IP 流动化为中心的 NPE 业务，与此相关的美国专利政策或美国专利诉讼结果对其他国家专利诉讼结果起到非常大的影响，因此也会给 NPE 的业务造成影响，所以有观点认为以美国为中心的 IP 金融是大趋势。

◆（郑义焕 金张律师事务所律师）美国、日本以 IT 行业为主，逐渐在制造行业失去竞争力（与中国相比）。美国为了通过专利、著作权等 IP 强化保护来实现本国的利益，美国资本也逐渐将本国的 IP 当作投资对象。而且，相比可投资的资本能力，可以投资的对象比较有限，因此 IP 作为具有魅力的投资对象重新被挖掘。

在韩国还不能抛弃制造企业，美国又是大市场，所以只能进入美国市场，为了在美国市场发展必须面对美国的 IP。对于韩国的制造企业来说在美国的 IP 纠纷、许可等都是必须经历的过程。

◆（赵凡圭 产银资本组长）资本市场的有机运转，几乎不可能做到正确的预测。但是具有一定方向性，比如资本的风险度相同，那么选择高收益率，如果是相同收益率，那么选择风险较低的投资对象。

IP 金融被激活的原因是具有资本投资的价值。尤其，美国与韩国不同，不是政策上支持或激活 IP 金融，而是在资本市场内部自发性投资。多数的 NPE 在 NASDAQ 以及场外市场上市/注册进行交易，以此为投资对象的基金也在该领域具有一席之地。

IP 金融以投资收益为目的，因此从 IP 创造现金流必须进行许可协商以及与此相伴的法律纠纷。当事人是专门投资机构（NPE 在追求投资收益的意义上，也应该属于 IP 投资机构的范畴），所以企业更难应对。

过去，以企业间相互许可为主的 IP 交易，在收益创造方面没有别的实际成绩。但是让第三方投资者进行运营就可以创造现金流，因此大多数 IP 金融的主导权从一般企业转移到了专门投资机构。以研发为基础曾经主导过市场的企业，从竞争中落败时残余资产中利用度最高的就是 IP 资产，作为投资者当然要做到价值最大化。当前技术寿命越来越短、全球性竞争加剧跨国企业的变动越来越大，按当前趋势，如果没有特别大的变化，IP 金融会持续成长。

最近，专利诉讼专门企业使得市场非效率性增加，美国政府对此强化监管的决心也多次被提到，为此呈现出 IP 资产的投资价值下降带来的资本价值下降趋势。但是大部分认为这样的趋势不是否定保护创新的本质价值，限制收取使用费。相反，这是过热的市场逐渐趋于平衡的过程，IP 金融业在大环境中逐渐找到自己的位置。

包括韩国在内的企业想要减少这种 IP 金融的影响，尽量在研发阶段、制造、流动等阶段考虑这种 IP 环境，通过规避设计、专利先行申请、IP 的市场购买/许可等对冲风险。

2. 根据电子通信研究院（ETRI）的研究，2010 年以后韩国企业的国际专利纠纷快速增加，2015 年为止，国际专利纠纷增加至 2 倍。由此导致韩国产业界的使用费赤字非常高，有什么方法可以改善这种情况？包括通过韩国 IP 金融商业模式发展来改善，请给出意见。

◆（何经宇 哈伊资产运营公司组长）（如果把"使用费赤字"理解为专利许可费用增加）减少使用费相关费用的方法只有，通过开发自身技术，通过开发的专利占据市场。另外，像美国一样，国家在保护产业的情况下，使得国内相关企业间共享技术，在各种行业中营造专利联盟，使企业本身能够自我保护，预计这种专利联盟也可以利用 IP 金融。

◆（郑义焕 金张律师事务所律师）美国、日本部分企业放弃了制造行业，转向 IP 金融的案例逐渐增多。但是，偏重于半导体、通信、汽车等制造行业的韩国，预计未来也很难改善使用费赤字。

现在韩国产业通商资源部主导的 Intellectual Discovery，特许厅主导的 IP Cube 等防御性概念的 NPE 正在购买 IP 保护韩国企业，这些组织需要同时考虑利润创造和政府的中小企业支持政策，这是一个畸形的业务因此无法保障其国际竞争力。而且从资本规模或实力/实战经验等来看，无法期待真正起到作用。因此，需要营造像美国、欧洲的 NPE 一样以纯粹的利润创造为目的的民间主导 NPE。但是，最近在美国提出了监管这种 NPE 的法案，在韩国也在考虑制裁问题，所以不容易实现。

而且，在韩国推出了以产业银行、信用保障基金为中心的 IP 担保金融，与当前的贷款系统非常类似，无法看作对风险企业的支持。1993 年成立的，不需要资本或担保能力只要有想法就能创业的 Yozma 基金，我们也应该建立类似的基金，营造大胆向具有技术的风险企业投资的整体环境，建立如果发生损失，（如，Yozma 基金 40% 左右）由政府来负担一部分的机制也很有必要的。

◆（赵凡圭 产银资本组长）为了应对企业间的纠纷，短期方法是通过在 IP 交易市场上购买 IP 或收购具有强力 IP 组合的企业等方法持续完善 IP 组合。当对方企业引起纠纷时，可提前预防纠纷的发生，同时抑制在 IP 交易市场上作为有潜力的专利引发未来纠纷的可能性。将这些应对模式商业化的企业中最有名的是 RPX Corp.。但是这些方法只能由具有充分资本能力的大企业才能实施。

中小企业应对手段非常有限。但是专利纠纷在产品生产阶段之后就需要较高费用，而初期研发阶段可以相对以较少的资本有效进行。研发阶段具备了完善的专利战略，那么 IP 金融越高度化，在未来跨国竞争企业或大企业之间的竞争以及协商中就会处于优势。在硅谷对创业初期企业的并购比较活跃也是因为完善的专利组合。而且，与中国相比，在制造行业竞争力处于弱化的阶段，国内企业应以优秀的人力资源为基础，有必要转换研发集约型产业结构，寻找最适合的商业战略。

但是，在韩国还没有专利权人通过一定的步骤获得补偿的制度性环境。需要从根本上建立对专利权侵权充分赔偿的制度环境，在能够合理预测的水平上积累判例/案例时，在研发阶段研究具有世界性优势的 IP 投资理论。这需要市场参与者和政策制定者形成共识，需要长期解决的问题。

专利具有地域性，单纯地考虑就是根据市场规模来确定专利的价值。而且相同的研究者不仅在韩国申请专利，还可以在包括美国在内的海外申请专利。也就是不以韩国专利为优先，而是以保护力度强的先进国家专利为目标。将美国市场作为最优先目标并考虑潜在的规模市场，例如中国市场。

政府也应通过政策支持强化专利权的保护，短期来说，海外申请支持政策最为有效率。单纯地缩短申请时间或增加申请数量等指标对于专利纠纷毫无意义。相反，通过有深度的现有技术调查，降低无效可能性，为了确保更广的权利要求保护范围，需要资金支持这种较长时间的海外申请。

3. 在韩国 IP 金融商业模式获得成功的条件，在 IP 金融或专利挖掘方面，请介绍可以激活 IP 的方案。

◆（何经宇　哈伊资产运营公司组长）可以讨论 IP 相关业务的企业大部分都是全球性企业，具有大量的资金，所以比起大企业，应该发掘具有潜力的国内外中小企业，对它们持有的专利进行投资，用于研发投资，引导创造保证量和质的专利，与海外市场联系抢占全球专利市场，就是提高专利竞争力所需要的措施。

◆（郑义焕　金张律师事务所律师）韩国市场比较小，而且在韩国 IP 保护程度不高，因此要通过韩国 IP 成功运营 IP 金融不容易，首先，为了在韩国 IP 受到保护，需要有制度支撑，如损害赔偿额的现实化、专利无效率减少等。而且，企业在高质量 IP 创造以及海外 IP 创造方面需要进行投入，在国家层面上需要建立可以大胆地向持有技术的风险公司投资的措施。

◆（赵凡圭　产银资本组长）需要政策性金融机构的主导作用。美国金融市场具有竞争力是因为它与实体经济一同发展起来的结果。IP 金融市场的发展也是因为经过长时间的积淀，认为优秀的 IP 具有投资价值才得以持续发展。但是韩国需要缩短这种时间。韩国有世界一流的制造业作为基础，还有配套的优秀人力资源以及中小企业生态系统，这些都是可以产生优秀 IP 的土壤。但是，一直以来无法确定以 IP 为中心的研发是否可创造有竞争力的 IP，所以很难成为金融投资机构的目标，即使 IP 作为投资对象投放到市场上也起不到很大作用。

政策性 IP 投资应该从两个方面形成。第一，发掘优秀 IP 的资金。相比 IP 交易市场比较活跃的美国，韩国很难形成完善的 IP 交易合作。相比证券市场，只要通过 HTS 公司就可以实时查询各种股票价格，但是 IP 资产作为投资对象很难对其进行评估，交易标的也很少。因此，无论公共机构、大学、企业，对于自身持有的优秀 IP 来说，需要一定的营销，同时也需要为获得国内外中介机构的良好评估和投资。

第二，IP 金融基金的主导作用。即使是国内存在且经过国内外专门机构评估的专利，也很难获国内金融投资机构的投资。通常，IP 金融通过基金机构形成，这种基金有银行、证券、保险、年基金等多种出资者进行投资。国内投资者不会贸然对比较生疏的、未经过鉴定的 IP 基金进行投资。因此需要政策性金融机构的中间人起作用，但是需要慎重地对该专利进行评估，是否在制度层面建立具备可收容的风险管理、投资者保护、运用成果达成可能性等。这是该政策金融机构通过对 IP 金融进行研究和调查，保证该基金运营公司的评估力量为前提。

4. 韩国 IP 参与者在全球 IP 金融市场上作为主要参与者参与的必要条件是什么？

◆（何经宇 哈伊资产运营公司组长）开发或获得优质专利，需要与以色列或欧洲国家的技术开发产业网络对接，能够抢占全球 IP 市场，提高持有专利的竞争力和市场份额。

◆（郑义焕 金张律师事务所律师）需要具备资金能力、实力（语言、IP 创造/确保）、与跨国参与者形成的网络等。

◆（赵凡圭 产银资本组长）IP 金融是通过 IP 基金运营公司来完成的。完成 IP 交易以及创造收益的过程中，有很多参与者——专利代理人、律师、技术分析机构、中介等，IP 基金的实现需要结合上述参与者和创造收益的结构，因此，需要将 IP 基金创造的成功收益投入另一个 IP 基金投资，从而形成良性循环。

韩国的 IP 金融中，需要像当前的基金运营人员一样，将金融人士培养为 IP 金融专家。投资者通过像基金一样的金融机构进行投资，从而获得收益，IP 金融从业者与其他投资基金一样需要具备对该 IP 资产的专业性。充分理解专利资产的特性、从专利创造收益的过程、许可协商、进行诉讼方法论、专利交易的特征等运营过程中能发生的所有变化。根据需要还可以熟练地运用专利代理人、律师、技术专家。

相反，律师或具有丰富企业经验的专利专家也需要对金融行业的理解。金融是历史悠久的行业，其监管制度和法律制度非常完善，投资者和金融机构等市场参与者需要理解这种庞大的监管体系并遵从各种规律显得非常重要。不是单纯地对 IP 进行投资获得成功，而是根据风险——收益之间的相互关系、适当的分散组合、投资者保护优先、利益相冲预防等以多种目的在内作为金融商品构成 IP 资产，对此具备充分的理解才能与金融专家进行适当的合作。

专利专家和金融专家以对各自领域的充分理解为基础，营造良好的合作关系，才能建立适合 IP 金融的机构。

海外专家意见

1. 相比欧洲和亚洲国家，在美国 IP 金融发展迅速的背景和理由是什么？

（Peter Holden，IP Create CEO）有很多因素导致美国 IP 融资的增长，特别是：

a）当企业意识到 IP 作为企业的一种不相关资产，可以为公司创造现金流和/或未来的收入时，企业就增加了高质量 IP 的供给。

b）美国上市公司的外部股东积极对 CEO 施加压力，以转化其 IP 资产（如摩托罗拉、诺基亚、杜邦等）；

c）上市公司的破产清算，例如柯达，北电等。

d）IP 驱动型基金和商业的表现令人印象深刻，特别是在最近上市/并购市场回升乏力的背景下。现在已经有几家公司能创造持续高质量、类似私募基金的回报。

e）亚洲买方需求的增加。许多美国 IP 公司在向中国、新加坡、韩国和日本快速成长企业出售知识产权方面取得巨大成功。

f）最后也很重要的是，这些美国 IP 公司增加了风险资本供应量，无论是通过可转换贷款、证券化贷款，还是通过小型股上市进入公共市场，最终希望通过交易为公司提供风险资本。

◆ （Kevin Fiur，Innovestion CEO）2008 年市场危机后，美国的投资者正在寻求巨大的、无关联的回报。IP 被视为可替代资产类别，具有高风险、高回报特征。近几年，随着市场出现的几次高调的 IP 交易案例，以及一些持有专利的上市公司的成功运营案例的新闻，IP 投资这一原来作为利基市场的投资，俨然已经吸引了主流资本的极大关注，并逐渐成为投资趋势。

2. 有人认为，根据基金协议，很多 IP 基金将在未来几年内因存续期到期而进行清算。有评论人士指出，在预期清算之前，IP 基金会发生更多的专利主张活动，以提升基金的财务业绩。同时，相关 NPE 也会发起更严厉的专利诉讼。非常感谢您的评论。

◆（Peter Holden）随着基金周期的到来，它们将尽快"获利了结"，不再增加成本并抛售资产，以冻结支出并清算其持有的资产。因此，我们将看到有很多机会以有吸引力的价格购买这些资产，而且 NPE 在庭外和解方面会更灵活多变。一些基金，比如高智，还没有为其投资人带来主要回报，因此，迫于收回成本的压力，它会加大抛售资产的力度。还会出现一些"二级交易"，即用新的资金从一些 IP 基金（不仅是 IP 资产）以很低的价格购买现有的许可项目，然后接管这些许可项目的风险和义务。

◆（Kevin Fiur）由于诸多原因，NPE 的专利诉讼很可能有所增加，其中包括更多的纯 IP 公司的成立和到期需要清算的基金。但是，另一方面，NPE 专利诉讼的增长，也受到诸如对 NPE 监管趋严、遏制 NPE 活动的立法也在增多，以及市场上缺乏可获得的高质量专利资产等原因的限制。许多研究表明，NPE 诉讼的增长也不仅是因为 NPE 本身。我个人预测未来一段时间，NPE 诉讼会保持稳定，因为这个市场有新玩家进来，同时也有老玩家离开。

3. 在 NPE 主张专利的背景下，一种观点认为，市场上最有利可图的目标正在耗尽，并且诉讼成本也在上升。在这种情况下，随着美国国会监管 NPE 的法律制度越来越严格，是否可认为传统的基于 IP 权利主张的商业模式能够持续？IP 基金是否有可能转向低风险、低回报（相对于诉讼融资）的金融产品，如 IP 抵押融资或 IP 资产证券化（ABS）？

◆（Peter Holden）我的个人看法是，"基于勒索的许可模式"将大大减少，即原告要求的许可费用相当于被告在诉讼中辩护产生的成本，特别是，如果"败诉方支付费用"的立法通过后。我认为 NPE 市场将会进行大量的整合和重组，因为公司正试图扩大业务规模，并多样化其 IP 货币化战略，而不仅仅是诉讼。还有一种转变，就是进行高质量的法律诉讼（更多专利、更多权利要求表、更强的专利权人组合）。未来成功的 NPE 将融合高风险策略（如诉讼）和其他策略，例如更友好的许可方式，具有较低风险、更低回报的债务式 IP 收益，专利销售，甚至 IP 风投（在有前景的创业企业中进行 IP 和股权交换）。这与个人理财没有什么不同，即拥有多样化的投资组合，每个投资组合都有不同的风险和回报。

◆（Kevin Fiur）在我看来，就算不完全是，也在很大程度上，IP 的价值取决于其可执行性和潜在或实际的侵权诉讼赔偿。虽然预计与 IP 相关的创新融资工具会增加，但是最终只有市场使用了高质量的 IP，IP 所有权人才有权以许可或者诉讼赔偿的形式获得收益。再次，我预计基于低质量的专利融资和实施将变得更加困难。无论怎么试图抑制专利的权利主张或者 NPE 活动，高质量的专利都会存在价值，也会存在相应的市场。

4. 对于韩国 IP 企业来说，比如 Intellectual Discovery 或其他 NPE，如何能够更好地参与全球 IP 金融市场，并在 IP 金融的国际舞台上成功存在？

◆（Peter Holden）为了使韩国的 NPE 取得成功，它们必须具有以下条件：

a）具有国际交易流程、联系和关系（不仅是韩国人）。

b）拥有 IP 良好收益记录的世界级 IP 许可和货币化团队。在短期内，可能需要从海外招募人才。

c）可获得低成本的股权或基金资本。

d）当然，要有诚信、公平和合理的声誉，即使在艰苦的谈判中也要坚持（永远不要过河拆桥），否则公司的专利池会随着时间的推移而减少。

e）要有聪明的投资者和合作伙伴了解公司的业务、投资模式、风险和机会。

f）真正独立，不受政府政策的干预——NPE 应该以市场为导向，聚集于投资回报率 ROI。

◆（Kevin Fiur）在我看来，韩国企业需要强大的美国作为合作伙伴，需要具备 3 个要素：在三个阶段（许可、诉讼和二次销售）中都有 IP 货币化的成功记录；资本充足或与强大的金融伙伴保持联系；以及与韩国企业合作的知识和经验。此外，管理这种实体的美国负责人的声誉需要非常好，在 NPE 市场的活动中没有污点。韩国企业应该将自己视为高质量资产的来源，这是最关键的要素，同时要依靠美国合作伙伴去探索不断变化的 IP 格局，并充分利用在美国和其他司法管辖区货币化资产的最佳实践。

5. 对于以上没有提及的有关 IP 金融的问题，还请再讲一下您关于这方面的看法。

◆ （Peter Holden）下面是我的一些个人看法：

a）关于 IP 融资/IP 货币化的不同模型（债务型、股权型、现金流型或价值创造型）；

b）随着立法的改变，NPE 应该如何调整其业务模式；

c）未来市场，例如德国、中国、新加坡等，因为它们将是 IP 交易更重要的市场；

d）韩国政府和企业在韩国 IP 市场增长方面的角色。

◆ （Kevin Fiur）重要的是，不能被最新的想法和建议分心去货币化其 IP。最重要的因素是人（IP 领域什么样的角色都有），市场上资产的质量和技术的利用率。领先企业在着眼市场需求时所创造有效的、可实施的专利总是具有非常高的价值，反之，质量差的资产将面临艰巨的市场考验，因为市场各方都变得越来越有经验。

参考文献

[韩文文献]

[1] 고영희, 김철호, 박성필, 지식재산전략, 한국발명진흥회, 2011.5.30.

[2] 고정식, 지식재산 경영의 미래, 한국경제신문.

[3] 권재열, "지식재산권 증권화를 위한 자금조달", 한국증권법학회 정기세미나, 2004.

[4] 김석관, 글로벌 혁신 네트워크와 한국 제약산업의 추격 전략, 2014.4.9.

[5] 마이클 콜린, 글로벌 지식재산전략, 2012.

[6] 배동석, 특허소모 원칙과 묵시적 실시권, 2004,연세대학교 법무대학원.

[7] 서주원, 한국의 지식재산 서비스 산업 현실과 향후 전망에 대한 조사 연구, 특허청 2009.12.

[8] 손수정, 임채윤, 장병열, 유헌종, 박미영, 지식재산비즈니스 모델 전망과 성장동력화 방안, 2011, 과학기술정책연구원.

[9] 손수정, 창조경제를 촉진하는 IP금융 기반 구축, 2013.9.15.

[10] 송지영, 자본시장-금융투자와 금융투자업, 2009.

[11] 아이디어브릿지 자산운용, 한국시장에서의 IP펀드 운용, 2012.6.22.

[12] 이성상, 지식재산 비즈니스 활성화를 위한 지식재산 생태계 조성에 관한 연구, 2013.5.

[13] 이원일, NPE'S비즈니스 모델 분석을 통한 IP투자기법 연구, 2012.

[14] 정연덕, 특허기술거래 활성화를 위한 Invention Capital노입 필요성 검토, 득허청, 2008.12.

[15] 최철, IP금융을 보는 전환기적 관점, IP Insight, 2013.

[16] IP가치평가를 통한 IP금융활성화 방안, 지식재산정책지 6월회 좌담회.

[17] 관계부처 합동, 벤처, 창업 자금 생태계 선순환 방안, 2013.5.15.

[18] 금융위원회, 정책금융 역할재정립 방안, 2013.8.

[19] 지식재산 가치평가▪금융 정책협의회, "IP 가치평가 사례 DB구축 및 활용 방안", 2013.

[20] 한국산업재산권법학회(IPMS IP금융분과), IP펀드와의 전략적 파트너십, 인텔렉추얼 디스커버리, 2012.7.

[21] 한국콘텐츠진흥원, 미국 콘텐츠 금융시스템 연구, 2012 참조.

[22] 한국콘텐츠진흥원, 한국과 일본의 콘텐츠 산업 금융투자 시스템 비교 분석, KOCCA 포커스, 2012.2.

[英文文献]

[1] Bruce Berman, From Assets to Profits, Competing for IP Value & Return, 2008.

[2] Bruce Rubinger, Global Prior Art, Inc Using effective IP due diligence to guide an IP Monetization strategy, I AM Magazine.

[3] David Jarczyk, Value creators, Intellectual Asset Management Sept/Oct 2013.

[4] Jack Ellis, You can call me troll, Intellectual Asset Management Jan/Feb 2014.

[5] Jason J. Keener, Mondaq (www. mondaq. com), 2014. 1.

[6] Jay H. Eisbruck, "Credit Analysis of Intellectual Property Securitization", in Bruce Berman ed. , From Ideas to Assets: Investing Wisely in Intellectual Property, 2002.

[7] Joseph Schumpeter, Capitalism, and Democracy (Haper, 1975).

[8] Miyuki Monroig, patent funds, Intellectual Asset Management Jul/Aug 2012.

[9] Niall Ferguson, Empire : How Britain Made the Modern World, Basic Books, 2003.

[10] Niall Ferguson, The Ascent of Money: A Financial History of the World, Penguin Press HC, 2008.

[11] Pat Kennedy, Play the game, Intellectual Asset Management May/Jun 2012.

[12] Peter D. Holden, IP monetization 2010 & Beyond, IPMS Seminar, 2010. 3. 30.

[13] Stevan Porter, Viewing patents through a financial lens, September/October 2013.

[14] Tomoya Yanagisawa and Dominique Guellec, The Emerging Patent Marketplace, 2009. 9.

[15] Vincent Pluvinage, IP business models past, present and future, Intellectual Asset Management July/August 2011.

[16] FactSheet : White House Task Force on High – Tech Patent Issues.

[17] GTT Group Annual Patent Deal Review, 2012 Year Petrospective.

[18] Iam blog, Asia's patent funds: who they are, what they do, 2013. 8. 23.

[19] Georgia – Pacific Corp. v. U. S. Plywood Corp. 446. F. 2d 295 (2nd Cir. 1971).

[20] Microsoft v. Motorola, Case No. C10 – 1823JLR (W. D. Wa, April 25, 2013).

[网址]

[1] http: //en. wikipedia. org/wiki/Coller_ Capital.

[2] http: //en. wikipedia. org/wiki/Fortress_ Investment_ Group.

[3] http: //en. wikipedia. org/wiki/IPCom_ GmbH_ %26_ Co. _ KG.

［4］ http：//en. wikipedia. org/wiki/Structured_ finance.

［5］ http：//finance. daum. net/rich/news/finance/photo/MD20130917163310788. daum.

［6］ http：//ibridgefund. com.

［7］ http：//m. hankyung. com/apps/news. view？ category = general&aid = 2010060264641.

［8］ http：//news. mk. co. kr/newsRead. php？ sc = 60100119&year = 2013&no = 48212.

［9］ http：//news. mk. co. kr/newsRead. php？ sc = 60100119&year = 2013&no = 51155.

［10］ http：//news. mk. co. kr/newsRead. php？ sc = 60100119&year = 2013&no = 60953.

［11］ http：//pendrell. com/about/overview.

［12］ http：//www. bloomberg. com/news/2013 – 08 – 28/ex – microsoft – cto – to – seek – 3 –
billion – for – patent – fund. html.

［13］ http：//www. fnnews. com/view？ ra = Sent0901m _ View&corp = fnnews&arcid =
201309050100051240002673&cDateYear = 2013&cDateMonth = 09&cDateDay = 04.

［14］ http：//www. fosspatents. com/2013/06/patent – firm – ipcom – settles – with – t – mo-
bile. html.

［15］ http：//www. hankyung. com/news/app/newsview. php？ aid = 20100531108381.

［16］ http：//www. iam – magazine. com/blog/Detail. aspx？ g = aspx？ g = 87902868 – 1d0e –
4bad – 999b – 6ac09f533613.

［17］ http：//www. insurancejournal. com/news/national/2013/08/05/300755. htm.

［18］ http：//www. investopedia. com/tems/s/spv. asp#axzz28NU1iFb4.

［19］ http：//www. ipbusinesscongress. com/Asia/2013/.

［20］ http：//www. ipcheckups. com/npe – tracker/npe – tracker – list.

［21］ http：//www. ipvalue. com/company/.

［22］ http：//www. ipvalue. com/partners/round – rock – research. php.

［23］ http：//www. kodit. co. kr.

［24］ http：//www. kofc. or. kr/kofc/business/medium_ 06. jsp.

［25］ http：//www. k – vic. co. kr/contents. do？ contentsNo = 83&menuNo = 359.

［26］ http：//www. oceantomo. com/productsandservices/investments/indexes/ot300.

［27］ http：//www. reuters. com/article/2014/04/20/us – unwired – lenovo – sale – idUs-
brea2j2da20140320.

［28］ http：//www. theregister. co. uk/2010/01/19/ipcom_ patents/.

［29］ http：//www. wellsfargo. com.

［30］ http：//www. zdnet. com/microsoft – nokia – deal – quick – facts – 7000020146.

［31］ http：//www. patentfreedom. com/subscriptions/stats/.

［32］ http：//www. patentfreedom/com/about – npes/holdings/.

［33］ http：//www. rpxcorp. com.

作者简介

崔　哲

毕业于首尔大学经济管理系，基于 Michael Porter 的价值链概念研究企业国际化课题的过程中，逐渐认识到知识产权的重要性，到英国的伦敦大学继续攻读了知识产权法。此后，在英国取得律师资格后，就职于 Allen&Overy 律师事务所，作为国际金融方面的律师，完成了 Securitization 等项目。目前作为韩国外国语大学教授负责知识产权法和国际金融法，同时还参与 IP 金融领域的研究，培训以及相关的其他活动。

裵桐淅

在 Intellectual Discovery 公司任知识产权事业部部长（Head of IP Business Division），2014 年 1 月之前在 LG 电子公司专利部门工作 20 余年，主要负责专利许可、诉讼、交易、投资等业务。

另外，与 IT 领域跨国公司进行过交叉许可、诉讼、专利交易等业务。当前，从事 IP 金融业务，发掘高价值专利并进行投资。在 IP 投资专家们汇聚的 IP Financing Professional Forum 担任会长一职。此外，在首尔科学综合研究生院讲授结合 IP Financing 和 MBA Business 的 IP – MBA 课程，2016 年被任命为国家知识产权委员会专业委员。

孙秀娅

毕业于成均馆大学，获得博士学位后，就职于国会预算政策部（NABO），现出任科学技术政策研究院（STEPI），进行基于科学技术政策的知识产权运营研究。

张源埈

在三星 SDS 完成过 SW 开发项目；Innotech Plus 担任专利分析以及价值评估、美国专利诉讼判例分析、专利信息分析系统开发等业务；在韩国知识产权保护协会进行了 IP 纠纷数据分析；当前，任 Intellectual Discovery 战略企划组次长，也是国家知识产权委员会 KIPINet 金融分科监事。